Verena Dunckelmann
Marion Huthmann
Ulrich Moltmann
(Hrsg.)

Heidelberger Exkursionen

Naturkundliche, kulturhistorische und geologische
Sehenswürdigkeiten rund um Heidelberg

verlag regionalkultur

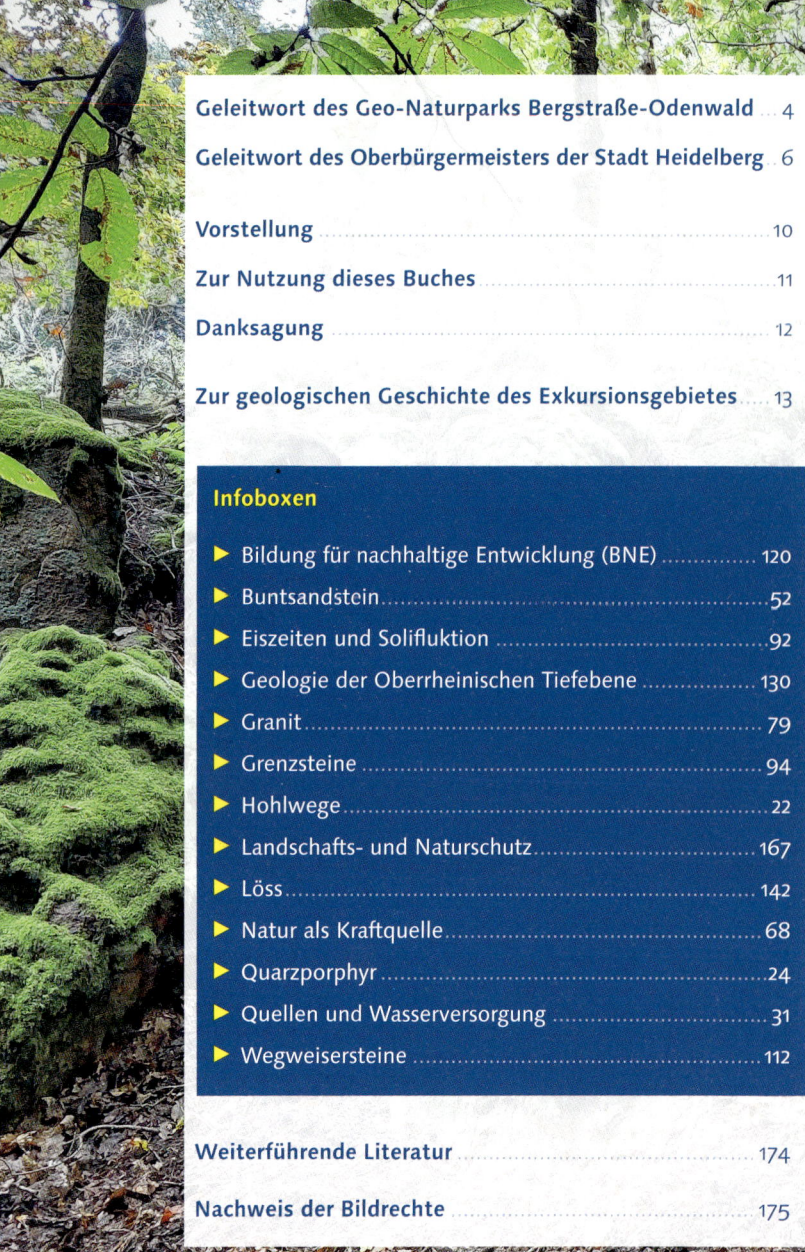

Inhalt

Geleitwort des Geo-Naturparks Bergstraße-Odenwald

Der Geo-Naturpark Bergstraße-Odenwald (UNESCO Global Geopark) vereint eine vielgestaltige Landschaft, die sich über die drei Bundesländer Hessen, Bayern und Baden-Württemberg erstreckt.

Eine seiner vorrangigsten Aufgaben ist es, die Landschaft aus ihrer Erdgeschichte heraus in all ihren Facetten zu erhalten und zu vermitteln, den ganzheitlichen Blick auf unsere Region zu öffnen und ein erlebnisreiches und informatives Erholungs- und Erlebnisangebot zu schaffen. Dies setzt er gemeinsam mit seinen Mitgliedskommunen sowie mit Partnern und Experten vor Ort um. Eine wichtige Rolle nehmen hierbei die mehr als 20 Geopark-vor-Ort-Teams ein. Vom Geo-Naturpark in Zusammenarbeit mit lokalen Experten eigens ausgebildet, geben diese ihr Wissen über Natur und Kultur, Erd- und Landschaftsgeschichte sowie regionale Besonderheiten im Rahmen spannender Führungen weiter. Damit tragen sie dazu bei, die Region und ihre Schätze zu erhalten und auch für kommende Generationen zu schützen.

Gemeinsam mit der Umweltbildungsplattform „Natürlich Heidelberg" sowie Kennern der regionalen Gegebenheiten wurde so im Jahr 2006 das erste Geopark-vor-Ort-Team ausgebildet, im Jahr 2014 folgte dann eine weitere Ausbildung.

Damit stehen nun mittlerweile 44 bestens gerüstete Botschafter des Geo-Naturparks und der Stadt Heidelberg bereit, deren Themenspektrum einen Bogen von der Erdgeschichte am Russenstein über die Natur im Heidelberger Wald bis hin zur Besiedlungsgeschichte der Stadt selbst und der regionalen (Wein-)Kultur am Erlebniswanderweg spannt.

Die nun vorliegende Publikation greift exemplarisch 15 Exkursionen auf, die von Mitgliedern des Geopark-vor-Ort-Teams im Rahmen des Programms von „Natürlich Heidelberg" angeboten werden. Damit können die Leserinnen und Leser nun auch auf eigene Faust – und zugleich mit kundigen Hintergrund-Informationen versehen – auf Entdeckungsreise in die vielgestaltige Erdgeschichte, Natur und Kultur von Heidelberg und Umgebung gehen.

Der Stadt Heidelberg sei an dieser Stelle für die langjährige fruchtbare und zukunftsweisende Kooperation gedankt.

Die Herausgeberinnen und Herausgeber des Werks sowie die Autorinnen und Autoren der Beiträge bewahren damit einen enormen Wissensschatz, lassen uns teilhaben an ihrer Begeisterung und vermitteln uns ein Bewusstsein für die Landschaft in und um Heidelberg sowie für deren Schutz und Erhalt. Ihnen gilt mein besonderer Dank.

Landrat Christian Engelhardt
Vorsitzender UNESCO-Geopark Bergstraße-Odenwald

Organisation
der Vereinten Nationen
für Bildung, Wissenschaft
und Kultur

Bergstraße-Odenwald
UNESCO
Global Geopark

Geleitwort des Oberbürgermeisters der Stadt Heidelberg

Liebe Bürgerinnen und Bürger,

gerade in Corona-Zeiten haben die Heidelbergerinnen und Heidelberger die Natur und die kulturhistorischen Sehenswürdigkeiten ihrer Stadt erneut schätzen gelernt. Viele Angebote von Umweltamt und „Natürlich Heidelberg" wurden im Zuge der Öffnung nach der Pandemie intensiv nachgefragt.

Der Geo-Naturpark Bergstraße-Odenwald (UNESCO Global Geopark) vereint eine reizvolle und geschichtsträchtige Landschaft. Sie erstreckt sich auf einer Fläche von 3500 Quadratkilometern zwischen Rhein, Bergstraße, Odenwald, Main und Neckar. Mehr als 500 Millionen Jahre Erdgeschichte, ein facettenreicher Naturraum und Jahrtausende alte Kultur laden dazu ein, erkundet zu werden.

Fester Bestandteil sind die „Geopark-vor-Ort-Begleiterinnen und -Begleiter", die interessante Kenntnisse über die regionale Naturlandschaft und Jahrmillionen bewegter Erdgeschichte vermitteln.

Insgesamt 44 Geopark-vor-Ort-Begleiterinnen und -Begleiter wurden 2006 und 2014 in Kooperation von „Natürlich Heidelberg" und dem Geo-Naturpark qualifiziert. Sie sind Botschafter aus der Region, die mit ihrer Tätigkeit zur Wissensvermittlung über die regionalen Besonderheiten und so zu einem besseren Umweltbewusstsein beitragen. Das geologische und kulturelle Erbe unserer Region soll bewahrt, das Umweltbewusstsein der Heidelbergerinnen und Heidelberger und Gäste durch die „Geo-Angebote" gefördert werden.

Dieser neue Wanderführer stellt 15 spannende Exkursionen zur Erdgeschichte und zur Landschaftserkundung in Heidelberg vor, die von Heidelberger Geopark-vor-Ort-Begleiterinnen und -Begleitern ausgearbeitet wurden.

Ich danke den Autoren und langjährigen Geopark-vor-Ort-Begleitern und wünsche Ihnen viel Freude beim Erkunden der spannenden Erdgeschichte unserer Region.

Eckart Würzner

Eckart Würzner
Oberbürgermeister der Stadt Heidelberg

Vorstellung

Liebe Naturfreunde,

alle Autoren dieses Buches sind zertifizierte Geopark-vor-Ort-Begleiter und haben eine fundierte Ausbildung bei der Stadt Heidelberg durch die Umweltbildungsplattform „Natürlich Heidelberg" in Kooperation mit dem Geo-Naturpark Bergstraße-Odenwald absolviert.

Wir drei Herausgeber haben Beiträge unserer Kollegen gesammelt und in diesem Buch zusammengestellt. Jedes Kapitel stellt eine Führung dar, die über „Natürlich Heidelberg" angeboten wurde. Es sind aber auch neue Touren dabei, die noch nicht stattgefunden haben. Dabei hat jeder Autor einen anderen beruflichen Hintergrund und konnte dadurch spannende neue Aspekte und Blickwinkel in sein Kapitel einbringen.

Die Exkursionsrouten dieses Buches liegen hauptsächlich im Heidelberger Stadtwald und auf Heidelberger Gemarkung. Der Stadtwald nimmt etwa 40 % der Gemarkungsfläche ein. Er liegt am Südwestrand des Odenwaldes und ist Teil des Geo-Naturparks Bergstraße-Odenwald und des Naturparks Neckartal-Odenwald. Die bewaldeten Hänge prägen das Landschaftsbild Heidelbergs. Dabei bilden der Heiligenberg (439 m) und der Königstuhl (570 m) die höchsten Erhebungen. Der Wald um Heidelberg stellt ein wichtiges Naherholungsgebiet dar und ist von der Innenstadt in wenigen Minuten zu erreichen.

Es gibt Touren für jeden Geschmack mit geologischen, botanischen und geschichtlichen Schwerpunkten. Mit diesem Buch können Sie einen spontanen Ausflug machen und allein oder mit Freunden oder Ihrer Familie in eigenem Tempo unterwegs sein.

Heidelberg, im Frühjahr 2022
Verena Dunckelmann Marion Huthmann Ulrich Moltmann

Zur Nutzung dieses Buches

Die Exkursionen dieses Buches sind aufgeteilt in nördlich bzw. südlich des Neckars verlaufende sowie in welche im Osten den Neckar aufwärts. Alle Exkursionen beginnen und enden in unmittelbarer Nähe einer Haltestelle des ÖPNV. Distanzen in Kilometern (km), Gehzeiten in Stunden (h) und Steigungen/Gefälle in Höhenmetern (hm) sind jeweils angegeben. Die Beschaffenheit der Wege und die Tauglichkeit für Kinderwagen und Rollstuhl werden beschrieben. Das Begehen erfolgt auf eigene Gefahr. Möglichkeiten zur Einkehr werden empfohlen.

Karten zeigen die Exkursionswege (Startpunkt S, Endpunkt E). Zur Ausrichtung bitte den Nord-Pfeil beachten. Präziser sind die Beschreibungen im Text. Zur Unterstützung der Wegeführung eignen sich auch die mit gängigen Karten-Apps nutzbaren GPX-Dateien; diese können mit nebenstehendem QR-Code auf das Smartphone oder über das Buch „Heidelberger Exkursionen" auf www.verlag-regionalkultur.de auf den Computer herunterladen werden.

Im Verlauf der Exkursionen werden die lokalen Sehenswürdigkeiten detailliert beschrieben. Übergeordnete Themen, auf die in mehreren Exkursionen Bezug genommen wird (z. B. „Buntsandstein" oder „Grenzsteine"), werden jeweils in einer Infobox an passender Stelle einmal ausführlich erläutert und aus anderen Beiträgen dann darauf verwiesen.

Von den Beitragsautoren genutzte Informationsquellen stehen jeweils am Ende der einzelnen Beiträge. Weiterführende, allgemeinere Literatur ist im Anhang des Buches zusammengefasst.

Obwohl alle Exkursionen sorgfältig überprüft wurden, mögen sich doch Fehler in der Wegeführung oder in den Beschreibungen einzelner Sehenswürdigkeiten eingeschlichen haben. Die Herausgeber bitten alle Leser darum, solche Textstellen unter Angabe des Buchtitels und der jeweiligen Buchseite an den Verlag zu melden (kontakt@verlag-regionalkultur.de).

GPX-Tracks
zu den Exkursionen

Anleitung zu den
GPX-Tracks

Danksagung

Wir, die Herausgeber, möchten uns bei allen Beitragsautoren für ihr Mitwirken bedanken und dafür, dass sie für alle unsere Ideen offen waren.

Unseren Partnern Sabine Lachenicht vom Amt für Umweltschutz, Gewerbeaufsicht und Energie und Dr. Jutta Weber vom Geo-Naturpark Bergstraße-Odenwald sowie Friedrich Kilian und Jochen Kohn danken wir für die Ausbildung zu Geopark-vor-Ort-Begleitern.

Bedanken möchten wir uns auch beim Team von „Natürlich Heidelberg" für die Unterstützung bei der Bewerbung und Buchung der Führungen und der Versorgung mit Informationsmaterialien.

Tobias Städtler hat freundlicherweise alle Exkursionswege und die Übersichtskarte in OpenStreetMap-Karten übertragen.

Weitere Freunde und Förderer haben unser Projekt mit Rat, Tat und finanziell unterstützt.

Ihnen allen gilt unser herzlicher Dank.

Seidenbaum am Philosophenweg

Zur geologischen Geschichte des Exkursionsgebietes

Im **Erdaltertum** (Paläozoikum) in der **Karbon**-Zeit vor ca. 360–300 Mio. Jahren bildete sich durch das Aufeinanderprallen zweier Kontinente ein Gebirgsgürtel, das sog. Variskische Gebirge. Unser Exkursionsgebiet gehört zu diesem ehemaligen Hochgebirge. Es war u. a. aufgebaut aus magmatischen Tiefengesteinen wie **Granit** und kristallinem Schiefer (▶ Haarlass).

Doch schon etwa 100 Mio. Jahre später im Zeitalter des **Perm** war das Gebirge durch Erosion weitgehend eingeebnet. Die Gipfel waren abgetragen und die Täler mit Abtragungsschutt verfüllt. Dieser wird **Rotliegendes** genannt (▶ Schlossgraben).

Diese Zeit war in der Region auch eine Periode heftiger vulkanischer Aktivität. Die Lava ist heute als mächtiges Vorkommen des **Quarzporphyrs** sichtbar (▶ Hellenbachsteinbruch).

Im jüngeren Zeitabschnitt des Perm vor etwa 260 Mio. Jahren drang von Norden das sog. **Zechstein**-Meer in unseren Raum ein und überflutete die Ablagerungen des Rotliegenden. Durch das trocken-heiße Klima fällten sich Kalksteine und Salze aus dem flachen Meerwasser aus. Im Exkursionsgebiet kam es zur Ablagerung von 3–5 m mächtigem **Dolomit** mit Anreicherungen von manganhaltigen Eisenerzen an einigen Stellen (▶ Mausbachtal).

Im **Erdmittelalter** (Mesozoikum) zur Zeit des Buntsandsteins vor ca. 250 Mio. Jahren waren die Landmassen zu einem großen Urkontinent Pangäa vereint. Weitgespannte Flusssysteme transportierten Gesteinsschutt der umliegenden Hochgebiete in ein riesiges zentrales Inlandbecken. Es lagerten sich mächtige **Buntsandsteinschichten** ab (▶ Philosophenweg).

Im Erdzeitalter des **Muschelkalks** vor ca. 240 Mio. Jahren wurde das Gebiet des heutigen Odenwaldes im Zuge eines weltweiten Meeresspiegelanstiegs überschwemmt und von Meeresablagerungen bedeckt, den **Muschelkalksedimenten.** Diese sind aber in weiten Bereichen des Exkursionsgebietes mit der Zeit durch Erosion wieder abgetragen worden (▶ alter Steinbruch am Boxberg).

In der **Erdneuzeit** (Känozoikum) im **Eozän** vor etwa 50 Mio. Jahren hob sich die Region durch aufsteigendes Magma im Erdmantel. Die Erdkruste dünnte aus, das Deckgebirge riss auf, es setzte das Einbrechen des **Oberrheingrabens** ein, die Grabenflanken wurden herausgehoben und Gebirgsschollen rutschten in den Graben ab (▶ Gaisbergscholle). Der Ur-Neckar schnitt sich

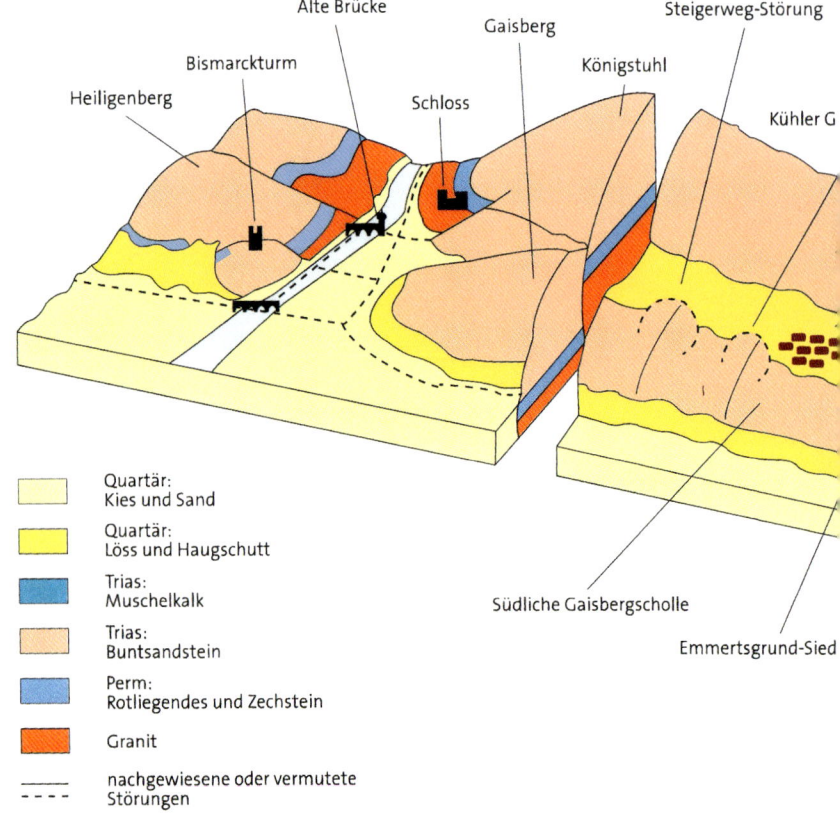

Heiligenberg   Bismarckturm   Alte Brücke   Schloss   Gaisberg   Königstuhl   Steigerweg-Störung   Kühler G

Südliche Gaisbergscholle

Emmertsgrund-Sied

Quartär:
Kies und Sand

Quartär:
Löss und Haugschutt

Trias:
Muschelkalk

Trias:
Buntsandstein

Perm:
Rotliegendes und Zechstein

Granit

nachgewiesene oder vermutete
Störungen

über Jahrmillionen in das Deckgebirge ein und formte das **Neckartal**.

Während der letzten Eiszeit im **Pleistozän** vor ca. 2,6 Mio. Jahren wurde **Löss** abgelagert. Er besteht aus feinem Gesteinsmaterial, welches durch kräftige Westwinde aus Schotterflächen der Rheinebene an die Odenwaldhänge transportiert wurde (▶ Haarlass).

Die geologische Geschichte des Exkursionsgebietes ist hier stark vereinfacht beschrieben. Für tiefergehende Betrachtungen sei auf die einschlägige Fachliteratur verwiesen (s. Quellen in den Beiträgen und Fachliteratur im Anhang).

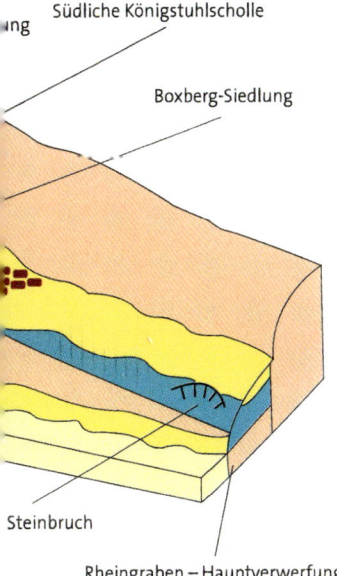

Südliche Königstuhlscholle

Boxberg-Siedlung

Steinbruch

Rheingraben – Hauptverwerfung

Geologisches Blockbild des Heidelberger Stadtgebietes [Quelle: Schweizer (2013), ergänzt durch Eichler (2017)]

Quellen

Eichler, Horst: Heidelberger Erdgeschichte, geologische Umgebungskarte mit Erläuterungen, Geo-Naturpark Bergstraße-Odenwald, Flyer, Lorsch (2016)

Eichler, Horst: Heidelberg – Lernlandschaft südliche Gaisbergscholle. 180 S., Verlag Regionalkultur, Ubstadt-Weiher (2017)

Schweizer, Volker: Einführung – Landschaft, Naturraum, Geologie, S. 12–16. In: Landesamt für Denkmalpflege (Hrsg.): Denkmaltopographie Bundesrepublik Deutschland. Kulturdenkmale in Baden-Württemberg. Stadtkreis Heidelberg (2013)

Handschuhsheim
Geologie auf dem Steinberg und im Hellenbachtal

Dr. Verena Dunckelmann, Diplom-Geologin

▶ Startpunkt des Rundweges ist am Haupteingang des Friedhofes an der Straße Zum Steinberg. Nächstgelegene Haltestelle „Burgstraße" der rnv-Straßenbahnlinien 5, 23 und 24.

▶ Weglänge 4 km, Gehzeit ca. 2:30 h mit jeweils 132 hm An- und Abstieg. Exkursion für Kinderwagen und Rollstuhl nicht geeignet.

▶ Möglichkeit zur Einkehr besteht im Gasthaus „Wild & Wein" im Schützenhaus Handschuhsheim am Ende der Exkursion.

Zu Fuß unterwegs

Von der Straße Zum Steinberg am Handschuhsheimer Friedhof geht es durch den Haupteingang auf einem schmalen geteerten Weg bergauf und an einer kleinen Kapelle vorbei. Ein Eisentürchen an der Ostseite des Friedhofs führt nach draußen zu einem Weg aus alten Pflastersteinen. Diesen bergauf gehen bis zu einer Bank, die etwas erhöht rechts am Wegesrand steht, von wo aus ein herrlicher Blick über die **Rheinebene** den mühsamen Aufstieg belohnt.

Bei gutem Wetter ist der 35 km entfernte Pfälzerwald zu erkennen, dazwischen die großen Städte Mannheim und Ludwigshafen, im Vordergrund die Gewächshäuser der Handschuhsheimer Bauern.

Der Oberrheingraben ist eine markante geologische Struktur und gehört zu einem vom Mittelmeer bis zur Nordsee reichenden Bruchsystem (▶ Oberrheinische Tiefebene, Seite 130).

Ausblicke auf das Handschuhsheimer Feld, die Rheinebene und den Pfälzerwald • alte Weinbergterrassen des Steinberges • Hohlwege „die Schanz" und „Alte Hohle" • ▶ Hohlwege • Mispelbaum-Projekt • Hellenbachsteinbruch • ▶ Quarzporphyr • Auersteinfelsen • Gedenkstein zur Hillenbach-Wüstung

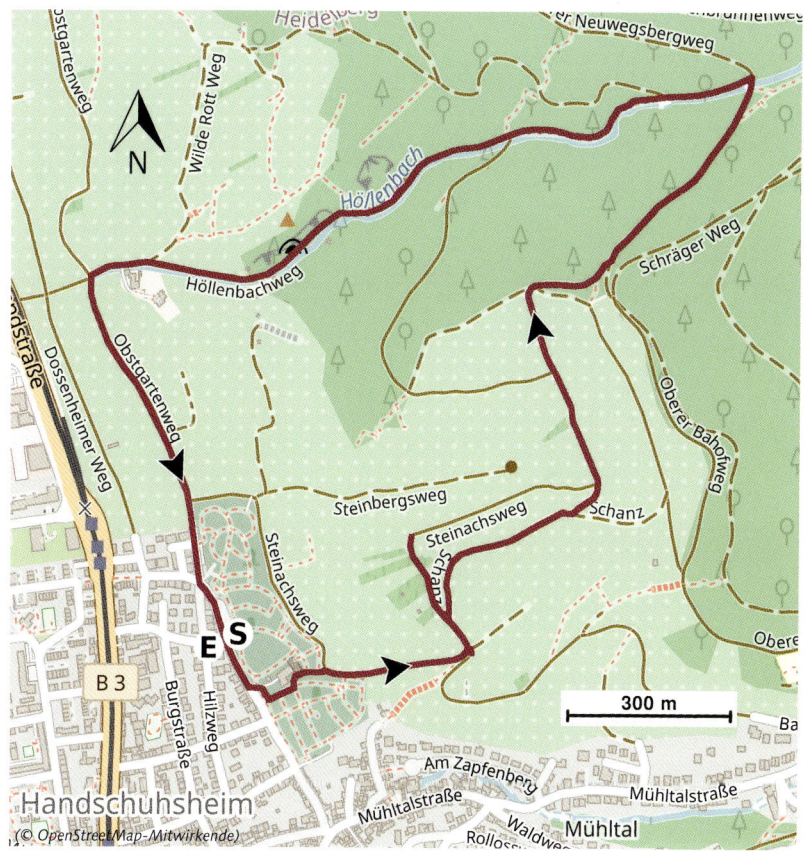

Dem aufsteigenden Weg Richtung Norden folgend wird ein malerischer Blick auf die alten **Weinbergterrassen** des Steinbergs frei. Weinbau wurde hier nachweislich seit dem Mittelalter betrieben. Die hangparallelen Terrassen entstanden vermutlich im Frondienst durch Handschuhsheimer Bauern. Nach Einschleppung der Reblaus aus Nordamerika Mitte des 19. Jh. starben die Reben ab; die Weinbergterrassen wurden nach und nach zu Obstgärten. Heute werden dort hochstämmige Obstbäume und Beerenobst kultiviert. Seit 1993 ist der **Steinberg** wegen der Besonderheit des Biotops und seiner Artenvielfalt ein Naturdenkmal. Die Mauern selbst bestehen aus Quarzporphyr, welcher im nahegelegenen

Steinbruch abgebaut wurde. Die Terrassen wurden mit Lössmaterial aufgefüllt. Löss verwittert zu nährstoffreichem, fruchtbarem Boden, was für den Obstanbau sehr zuträglich ist.

Den Weg nun nicht mehr bergauf weitergehen, sondern umkehren zu der Stelle, wo der erste Blick auf die Rheinebene frei wurde. Dort links in einen alten Hohlweg einbiegen und der Beschilderung des Burgensteigs folgen. Der Hohlweg wird auch „**die Schanz**" genannt. Er besteht aus mächtigen Lössablagerungen und ist einst durch menschliche Nutzung entstanden. Die Lösswände ragen an beiden Seiten steil hinauf. Löss ist ein gelblich braunes, sehr kalkhaltiges Lockergestein. Am Haarlass in Heidelberg befindet sich die Typuslokalität des Löss (▶ Löss, Seite 142).

Im unteren Teil des Hohlweges „die Schanz" zeigt sich die Gesteinsformation des sog. Rotliegenden. Dieses Gestein wurde im geologischen Zeitalter des Perm vor ca. 300–250 Mio. Jahren abgelagert. Es hat eine tief violette bis rote Farbe und besteht aus verbackenen Gesteinsbruchstücken. Auffällig sind Brocken aus Sandstein, Quarzporphyr (▶ Quarzporphyr, Seite 24) und sog. Arkosen. Diese ähneln dem Sandstein, haben aber eine

Weinbergterrassen am Steinberg

schlechtere Sortierung der Korngrößen und bestehen aus großen und kleinen Bruchstücken, die zu einem Gestein verbacken wurden.

In der Mitte des Hohlweges gibt es einen Abzweig nach links. Diesem folgend kommt nach ca. 300 m eine **Mispelbaum-Anpflanzung**. Eine Tafel bietet Informationen über das Mispelbaum-Projekt der Stadt Heidelberg, dessen Bestreben es ist, die früher landschaftstypische Obstsorte nicht in Vergessenheit geraten zu lassen, sondern an geeigneten Stellen wieder zu kultivieren.

Im Mittelalter war die Echte Mispel eine weit verbreitete Obstsorte in Europa. Ihre Früchte sind nach Frosteinwirkung oder längerer Lagerung essbar und haben einen typisch säuerlich-aromatischen Geschmack. Durch das Lagern werden Tannine (pflanzliche Gerbstoffe) und Fruchtsäuren abgebaut, der Zuckergehalt steigt und die Früchte werden mürbe. Sie können dann zu Marmelade oder Gelee verarbeitet werden. Unreife Früchte haben einen hohen Tanningehalt und wurden früher mit Blättern und Borke zum Gerben genutzt. Die Mispel stellt geringe Standortansprüche und kann unter günstigen Bedingungen bis zu 300 Jahre alt werden.

Von der Tafel aus führt links ein schmaler Weg bergauf in den imposanten Lösshohlweg „**Alte Hohle**". Dieser Hohlweg trifft auf einen geschotterten breiteren Weg; diesem dann nach rechts bergauf folgen. Durch einen lichten Buchenwald schlängelt sich der Weg bis zu einer Gabelung, an der links (nach Norden) der Weg am Bergrücken entlangführt.

Nach ca. 500 m geht links der Hellenbachweg bergab bis zu einem markanten Buntsandsteinaufschluss. Die unterschiedlich mächtigen Steinbänke des Buntsandsteins und quaderförmige Brocken aus dem Material charakterisieren hier die Böschung (▶ Buntsandstein, Seite 52).

Dem Trampelpfad weiter hinunter ins Tal entlang des Hellenbaches folgen. Dieser Weg war früher eine Fahrstraße, der Hellenbachtalweg, und wurde vom städtischen Forstamt renaturiert. Er mündet in eine breitere

▶ Hohlwege   *(Tobias Städtler)*

In vergangenen Jahrhunderten verlief der Verkehr auf unbefestigten Straßen, also auf natürlichem Boden. Täler waren oft von sumpfigem Gelände durchzogen oder es war unerwünscht, die Straßen durch die dortigen Siedlungen und Wirtschaftsflächen zu führen. Daher wählte man Strecken, die möglichst auf Höhenrücken und Hochflächen entlang führten. Die Hufe der Pferde und die schmalen eisenbeschlagenen Räder der Fuhrwerke lockerten den Boden auf. Bei jedem stärkeren Regen wurde Erdreich hangabwärts ausgeschwemmt. Dadurch tieften sich die Wege immer weiter ein und es entstanden schließlich Hohlwege.

Hohlweg   Die Tiefe der Hohlwege hängt von drei Faktoren ab: der
„die Schanz" Häufigkeit der Nutzung, der Hangneigung und dem Unter-

grund. Je steiler ein Weg ist, umso schneller wird er ausgewaschen. Die tiefsten und eindrucksvollsten Hohlwege entstehen im Löss. Auf das Alter lässt die Tiefe eines Hohlweges also nicht schließen. Die stark ausgeprägten Wege haben sich erst mit dem wachsenden Verkehr im 17. und 18. Jh. herausgebildet.

Wenn ein Hohlweg so aufgeweicht und rutschig geworden war, dass ein Vorwärtskommen kaum noch möglich war, verlegte man den Weg und begann nebenan eine neue Fahrspur. So erkennt man bis heute an manchen Stellen im Heidelberger Wald ganze Bündel nebeneinanderliegender Hohlwegtrassen.

Auf dem natürlichen Boden war es nicht möglich, mit den Fuhrwerken und Kutschen parallel oder in einem fla-

chen Winkel zu einem steilen Hang zu fahren, ohne zu riskieren, dass sie umkippten. Daher führten die Trassen an steilen Hängen senkrecht oder relativ steil nach oben. Erst die Anlage von terrassierten Straßenkörpern ab dem 18. Jh. ermöglichte eine bequemere Streckenführung, indem Material an der Hangseite abgegraben und auf der Talseite aufgeschüttet wurde. Serpentinen gab es erst ab dem 19. Jh.

Vor allem bei beladenen Fuhrwerken war es üblich bei Steigungen weitere Pferde einzuspannen, sog. Vorspanne. Landwirte konnten sich etwas dazuverdienen, indem sie ihre Pferde dafür vermieteten. Abwärts war es nötig, die Wagen abzubremsen. Am einfachsten war es, ein Hinterrad mittels einer Kette zu sperren. Da dies aber die Wege zu sehr schädigte, wurde die Verwendung eines eisernen Bremsschuhs vorgeschrieben. Dieser hatte eine breitere Auflagefläche und wurde mit einer Kette vor das rechte Hinterrad gebunden.

asphaltierte Straße, die am **Hellenbachsteinbruch** und an der Grillhütte vorbeiführt.

Der Steinbruch vor Ort gehört zu einer Reihe von Steinbrüchen entlang der Bergstraße bei Dossenheim, Schriesheim und Weinheim. Quarzporphyr von hier fand Verwendung als Schotter und Splitt, Pflasterstein oder Naturwerkstein für Gebäudefassaden, Fußböden oder Tischplatten. Aufgrund seiner chemischen Zusammensetzung ist er sehr widerstandsfähig. Der Abbau begann im 19. Jh., die letzten Arbeiten endeten um 1960. Nach der Stilllegung eroberte die Natur den Steinbruch zurück, wobei sich ein Biotop für schützenswerte Pflanzen und Tiere entwickelte.

Nur ein Stückchen weiter bergab erhebt sich rechts der markante **Auersteinfelsen**, der in einem Dokument

▶ Quarzporphyr

Quarzporphyr (auch Rhyolith genannt) entstand im geologischen Zeitalter des Perm vor ca. 300–250 Mio. Jahren, als es in der Region viel Vulkanismus gab. Kieselsäurereiche Laven aus Vulkanen haben entlang der Bergstraße mächtige Vorkommen von Quarzporphyr zur Ablagerung gebracht (an dieser Stelle ca. 150 m). Durch Spannungen in der Erdkruste entstanden tiefreichende Spalten, die glutflüssigen Gesteinsschmelzen den Aufstieg ermöglichten.

Quarzporphyr ist ein relativ helles Gestein; hellrote, bräunlich-violette oder gelbliche Farbtöne dominieren. Die rot-bräunliche Farbe geht auf die Verwitterung von enthaltenem Eisen zurück. Im Gestein sind Fließstrukturen zu erkennen sowie kleinere Hohlräume. Sie entstanden durch Gasblasen, die durch die Druckentlastung beim Aufstieg der Lavamasse entwichen.

Das Gestein Quarzporphyr hat nahezu die gleiche chemische Zusammensetzung wie Granit. Beide bestehen überwiegend aus den Mineralen Feldspat, Quarz und Glimmer (Merkspruch: *„Feldspat, Quarz und Glimmer,*

aus dem Jahre 1605 noch „Hauerstein" genannt wurde, was auf die damalige Nutzung als Steinbruch hinweist. Der Auerstein ist ein geschütztes Biotop und als Naturdenkmal ausgewiesen. Er bietet wertvollen Lebensraum für seltene Pflanzen und Tiere. Dazu gehören besondere Moose, Farne, Flechten und Pflanzen wie die Traubige Graslilie, Hübelklee und Pechnelke. Zu finden sind auch Wildbienen, die schöne Landdeckelschnecke und Eidechsen. Ein Stollen, der vermutlich 1890 angelegt wurde, zeugt noch heute von der vergeblichen Suche nach Manganerz.

Es geht weiter bergab am Waldkindergarten vorbei, dessen Hütten und Gelände sich links am Hang verteilen. Kurz vor der Kreuzung mit dem Blütenweg steht rechts am Wegesrand ein behauener roter Buntsandstein. Es ist

die vergess ich nimmer"). Trotzdem sehen Quarzporphyr und Granit sehr unterschiedlich aus. Beim Granit sind die Minerale groß und gut ausgebildet. Das Magma, aus dem sich der Granit bildete, erkaltete unter der Erdoberfläche. Dort kühlte es langsam ab und die Kristalle hatten mehr Zeit, sich auszubilden.

Quarzporphyr (oben) / Granit (unten)

Beim Quarzporphyr gelangte das Magma über die Erdoberfläche. Es kühlte schlagartig ab und die Minerale konnten nicht ihre typische Kristallstruktur entwickeln. Sie sehen aus wie Einsprenglinge in einer Grundmasse. Quarzporphyr wird als Vulkanit und Granit als Plutonit bezeichnet.

ein Gedenkstein aus dem Jahr 1994, der an die **Wüstung Hillenbach** erinnert. Auf dem Gebiet des heutigen Handschuhsheim befand sich nämlich im Mittelalter am „Höllenbach" das Dorf Hillenbach, welches bereits im Lorscher Codex aus dem Jahr 767 erstmals erwähnt und um 1295 zur Wüstung wurde. Wüstung ist die Bezeichnung für eine Siedlung, die in der Vergangenheit aufgegeben wurde, an die aber noch Urkunden, Flurnamen, Reste im Boden, Ruinen oder örtliche mündliche Überlieferungen erinnern.

Linke Seite: Auersteinfelsen

Hillenbach-Gedenkstein

Ein Stückchen weiter unten links in den **Blütenweg** (gelbes B) einbiegen. Dieser verläuft in seiner gesamten Länge von Darmstadt über Heidelberg bis nach Wiesloch entlang der Bergstraße durch Gärten und Dörfer. Zum Schluss dem breiten Weg an Obst- und Schrebergärten vorbei bis zum Endpunkt der Exkursion am Handschuhsheimer Friedhof folgen.

Quellen

Eichler, Horst: Heidelberger Erdgeschichte – Geologische Umgebungskarte mit Erläuterungen. Geo-Naturpark Bergstraße-Odenwald (2016)

Kilian, Friedrich: Mündliche Überlieferung, Amt für Umwelt und Naturschutz Heidelberg

Mispel → Wikipedia

Rhyolith → Wikipedia

Schweizer, Volker et al.: Sammlung Geologischer Führer. 203 S., Verlag Gebrüder Borntraeger, Berlin (1982)

Seeling, Jens: Heidelberg – Wanderungen durch die Erdgeschichte. 160 S., JSV Jens Seeling Verlag, Frankfurt am Main (2005)

Sinn, Peter: Zur Landschaft und Geschichte von Heidelberg-Handschuhsheim. 164 S., Verlag Regionalkultur, Ubstadt-Weiher (2012)

Weber, Jutta und Bühn, Susanne: Zwischen Granit und Sandstein. Eine Reise in der Erdgeschichte der Geo-Naturpark Region. 39 S., Hrsg.: Geo-Naturpark Bergstraße-Odenwald, Lorsch (2009)

2 Handschuhsheim
Brunnen und Quellen im Siebenmühlental

Dr. Verena Dunckelmann, Diplom-Geologin

▶ Startpunkt des Rundweges ist beim Forsthaus am Ende der Mühltalstraße an der „Natürlich Heidelberg"-Tafel. Die Haltestelle „Turnerbrunnen" des rnv-Busses 38 ist ca. 40 m oberhalb des Forsthauses.

▶ Weglänge ca. 5,5 km, Gehzeit ca. 3:00 h mit jeweils 238 hm An- und Abstieg. Die Exkursion verläuft teilweise auf engen Waldpfaden und ist für Kinderwagen und Rollstuhl nicht geeignet.

▶ Spielmöglichkeit für Kinder besteht auf dem Wasserspielplatz beim Turnerbrunnen.

Zu Fuß unterwegs

Vom Forsthaus über den Parkplatz am Turnerbrunnen geradeaus bergauf bis zur Schranke gehen. Vor der Schranke steht eine Informationstafel „Landschaft im Wandel", auf der die verschiedenen Naturräume im Tal benannt und erklärt werden. Nun entlang des rauschenden **Mühlbaches** in das idyllische Siebenmühlental hinaufwandern. Der Bach entspringt am oberen Talende am Strangwasenbrunnen und ist ca. 6 km lang.

Nach ca. 250 m wird ein Wegweiserstein „Unterer Neubergsweg, Sackweg" passiert. Gegenüber steht rechts am Wegesrand eine Hinweistafel „Schauen und Beobachten, Schützen und Bewahren", die zum **Lehrbiotop** gehört. Dieses besteht aus mehreren Tümpeln, in denen im Frühjahr die Entwicklung der heimischen Amphibien wie Feuersalamander, Bergmolche und Kröten beobachtet werden kann. Betreut und in-

Buchbrunnen • Spechelsgrundquelle • ▶ Quellen und Wasserversorgung • Steinbruch an der Drehscheibe • Englische Hütte • Holdermannseiche • Zollstock und Schlossblickhütte • Camino Incluso • Freischarenschanze • Schneebergreservoir • Schmitt'sche Quelle • Turnerbrunnen • Hochwasserschutzdamm

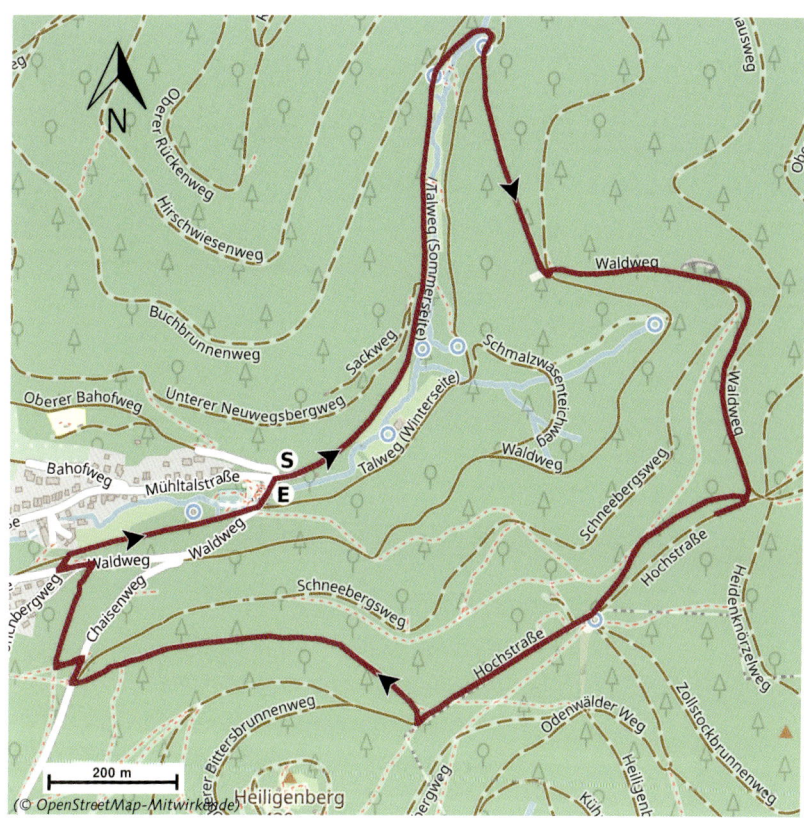

(© OpenStreetMap-Mitwirkende)

stand gehalten wird es von ehrenamtlichen Biotop-Pflegern.

Dem Weg nach oben folgend stehen rechts in der Wiese in kurzen Abständen historische Grenzsteine. Bei einem Exemplar ist ein kleines Kreuz eingemeißelt; es markiert damit die Handschuhsheimer Seite. Die Jahreszahl 1830 gibt das Jahr der Grenzsteinsetzung an. Die Steine wurden fortlaufend nummeriert, hier ist es die Nummer 243. Eine Kerbe auf der Oberseite kennzeichnet den Grenzverlauf. (▶ Grenzsteine, Seite 94)

200 m weiter auf der rechten Seite plätschert der **Buchbrunnen** an der Buchwiese. Sein Name leitet sich aus dem früheren Buchenwald her. Er diente vermutlich als Viehtränke, als früher das Vieh noch zum Weiden in den

Buchbrunnen   Wald getrieben wurde. Er hat eine der ältesten Quellfassungen im Mühltal. 1970 wurde er von 50 m weiter oben an den jetzigen Standort talabwärts verlegt. Damals war der Brunnen mit einem Holztrog versehen. Der jetzige Brunnentrog wurde aus einem bearbeiteten Mühlstein aus dem südlichen Stadtwald gefertigt.

Vorbei am Buchbrunnen zweigt der Weg nach ca. 50 m nach rechts (Nord-Osten) Richtung Drehscheibe ab den Schildern des Wanderweges 4 folgend. Ein Stückchen weiter – rechter Hand talabwärts – fällt das eingezäunte Gelände der **Spechelsgrundquelle** auf. Sie ist eine der drei gefassten Quellen, die zur Trinkwasserversorgung genutzt werden.

Dem Weg bergauf Richtung „Drehscheibenfußweg" durch einen Buchenwald bis zur nächsten großen Wegkreuzung folgen. Der Platz an dieser Stelle wird die **Drehscheibe** genannt, also eine Anlage zum Drehen von Schienenfahrzeugen. Anfang des 20. Jh. wurden vom Steinbruch etwa 300 m weiter oben die gebrochenen Steine in

Loren auf Schienen transportiert. Die Loren wurden hier für die Rückfahrt zum Steinbruch umgedreht.

Ein paar Schritte rechts bergab steht links am Rand des Waldweges ein quaderförmiger Grenzstein auf einem Fundament aus Mauersteinen mit einem weißen Handschuh auf blauem Grund. GH für Gemeinde Handschuhsheim und die Jahreszahl 1845 sind eingraviert (s. Umschlagmotiv). Zu dieser Zeit wurde das Handschuhshei-

Quellen und Wasserversorgung

Das Heidelberger Trinkwasser stammt von unterschiedlichen Quellen. Ca. 160.000 Einwohner werden täglich damit versorgt. 35 % des Wassers liefert der Zweckverband Wasserversorgung Kurpfalz aus dem Wasserwerk Schwetzinger Hardt und dem Wasserversorgungsverband Neckargruppe in Edingen-Neckarhausen sowie 60 % aus den Grundwasserwerken Rauschen (in Wieblingen), Entensee (in Handschuhsheim) und Schlierbach. Es ist Grundwasser, welches aus den Sand- und Kiesschichten des Oberrheingrabens aus der unmittelbaren Umgebung von Heidelberg gefördert wird.

Zu 5 % erfolgt die Trinkwasserversorgung aus Quellen. Drei der sieben Buntsandsteinquellen (Hirschquelle, Spechelsgrundquelle und Schmitt'sche Quelle) befinden sich im Handschuhsheimer Siebenmühlental. Sie versorgen die Hanggebiete Handschuhsheims und Neuenheims. Die Sengesselloch- und Kreuzgrundquelle entspringen im Ziegelhäuser Wald. Sie versorgen zusammen mit dem Wasserwerk Schlierbach die Gebiete Ziegelhausen, Altstadt und Schlierbach.

Die Wasserwerke Entensee und Rauschen beliefern die Stadtteile Handschuhsheim und Neuenheim in der Ebene. Die Stadtteile Weststadt, Bergheim, Bahnstadt, Wieblingen, Pfaffengrund, Südstadt, Rohrbach, Kirchheim, Boxberg und Emmertsgrund bekommen Leitungswasser von den Wasserwerken Rauschen und Schwetzinger Hardt sowie dem Wasserversorgungsverband Neckargruppe.

Stillgelegter Steinbruch an der Drehscheibe

mer Waldgebiet in Distrikte eingeteilt. Der Handschuh ist ein Symbol aus dem Wappen der Herren von Handschuhsheim. Die Farbe ist nicht original, sondern wurde im Zuge einer Grenzsteinrestaurierung angebracht. Dieser Grenzstein steht auch nicht am Originalort, sondern wurde vermutlich vom Forstamt umgesetzt. Er stand früher am Steinbruch gegenüber der Englischen Hütte.

Dem Weg nach rechts bergauf folgen. An der imposanten Sandsteinwand entlang der Straße steht „*Notstandsarbeiten 1921*" eingemeißelt. Die Inschrift erinnert an die sog. Notstandsprogramme nach dem Ersten Weltkrieg. Infolge hoher Reparationsleistungen herrschte damals große Not und Arbeitslosigkeit in der Bevölkerung. Die hungernden Arbeitslosen sollten von der Straße geholt werden. Im städtischen Forst wurden damals 250 Notstandsarbeiter beschäftigt.

Im stillgelegten **Steinbruch** etwa 300 m weiter wurde früher der Mittlere Buntsandstein abgebaut (▶ Buntsandstein, Seite 52). Der Steinbruch ging im Jahr 1847 in Betrieb. Im Jahre 1886 hatte sich der Steinbruchbetrieb für die Stadt als unrentabel erwiesen und wurde daraufhin verpachtet. Das Gestein wurde für den Hausbau in Handschuhsheim verwendet und zu Pflaster- und Mauersteinen verarbeitet. Die nahen Waldwege baute man damals mit diesem Material aus. Zwischenzeitlich dienten die Felsen als Kletterwand, was mittlerweile untersagt ist. Früher gab es auch den Plan, dort einen Schießstand des Schützenvereins aufzubauen. Dieser wurde allerdings 1925 vom Oberbürgermeister abgelehnt. Heute ist der Steinbruch ein wertvolles Feuchtbiotop.

Englische Hütte

Gegenüber steht rechts des Weges die **Englische Hütte**. Sie ist ein Rundbau aus Holz, der 1978 von englischen Soldaten errichtet wurde. Von hier besteht eine wundervolle Aussicht in die Rheinebene (▶ Oberrheinische Tiefebene, Seite 130).

Dem asphaltierten Weg weiter links bergauf durch den Buchenwald folgen. Nach ca. 250 m wird ein Abzweig mit dem Wegweiserstein zum „Mittleren Jagdhausweg" passiert. Es geht aber weiter geradeaus den Berg hinauf. Eine gelbe 4 markiert den Weg. An der nächsten Abzweigung nach rechts gehen.

Nach ca. 30 m bergab steht auf der linken Seite die alte **Holdermannseiche**. Der Baum erhielt seinen Namen nach dem vermögenden Heidelberger Gastwirt Friedrich Holdermann, der sich im Jahr 1764 hier erschossen haben soll. Neben dem „Weißen Bären" in der Kettengasse 19 besaß er das „Heldische Bierhaus" und das „Holdermann'sche Kaffeehaus" in der Hauptstraße 124–126 am Ludwigsplatz, der heute Universitätsplatz heißt.

*Zollstock-
brunnen*

Ein paar Schritte zurückgehen. Dort zweigt links ein kleiner Trampelpfad Richtung Westen ab. Er geht bergab, die gelbe 4 markiert den Pfad. Nach 250 m steht am Rand ein markanter Wegweiserstein. Dort trifft der Weg auf einen von links kommenden Waldpfad. Diesem oberen Pfad folgen. Nach 200 m leicht bergauf wird der **Zollstock** erreicht. Urkundlich wurde hier 1609 ein „Esels-bildstock" erwähnt; denkbar wäre ein religiöses Klein-denkmal mit einer Figur Christi auf einem Esel. Auf dem Platz steht die **Schloßblickhütte.** Die Schutzhütte aus Holz wurde 1987 errichtet. Ein paar Holzsitzbänke und Tische laden zu einem Picknick ein. Richtung Süden bie-tet sich von hier eine wundervolle Aussicht auf das Hei-delberger Schloss.

Der **Zollstockbrunnen** ist leider versiegt. Zur Zeit der Keltenbesiedelung trug das Zollstockwasser zur Versor-gung des Heiligenberges bei. Das Wasser wurde mit Hilfe von Holzröhren, auch Deicheln genannt, vom Zollstock-brunnen zum Heiligenberg geleitet. Hinter dem äußeren Ringwall, der die Siedlung umgab, befand sich ein Auf-fangbecken.

Zwei alte Grenzsteine auf dem Zollstockplatz sind historische Zeugen für die Nutzung des Stadtwaldes im 18. Jh. Auf einem Stein ist eine Hand mit einem CH in der Mitte eingemeißelt, was „Centallmendwald Handschuhsheim" bedeuten könnte. In einem weiteren Grenzstein sind CN (Centallmendwald Neuenheim) und die Jahreszahl 1791 eingraviert. 1790–1793 wurde der Heidelberger Stadtwald von der ehemaligen Kurpfälzischen Regierung neu vermessen und abgegrenzt. Centallmend ist ein „Allmend", ein für alle nutzbares Gebiet oder ein Weg, zu einer „Zent", einem bestimmten Gerichtsbezirk, gehörend.

Historischer Grenzstein beim Zollstock

Über den Zollstock ging die kürzeste Verbindung zwischen Hirschgasse und Bergstraße, weshalb er damals wohl stark frequentiert war. Am Zollstock vorbei verlief eine bedeutende kurpfälzische Landstraße, heute „Hohe Straße" genannt. Sie gehört auch zum Odenwald-Vogesen-Weitwanderweg im Abschnitt von Darmstadt nach Heidelberg, zum Burgensteig und zu dem **Camino Incluso**, der mit einem gelben Pilgerbeutel gekennzeichnet ist. Der Pilgerweg wurde im Rahmen eines Schulprojektes der SRH Stephen-Hawking-Schule ausgeschildert und soll ein barrierefreier Weg für alle sein. Er führt von Bensheim-Auerbach nach Heidelberg.

Auf der Hohen Straße nach Westen Richtung „Hagelsteig" und „Heiligenberg" gehen. Nach ca. 50 m steht ein Gedenkstein für die **Freischarenschanze**. Sie entstand zur Zeit der Badischen Revolution 1848/1849, die sich gegen die Fürstenherrschaft richtete und die Etablierung einer

Schneeberg-brunnen und Hochbehälter

badischen bzw. deutschen Republik unter der Souveränität des Volkes zum Ziel hatte. Badische Freischaren errichteten einen Erdwall mit Graben und Kanonenstellung, der zur Abwehr preußischer Truppen diente.

Vor dem Gedenkstein steht ein Grenzstein mit GN für Gemeinde Neuenheim, auf der Rückseite GH für Gemeinde Handschuhsheim und einer Kerbe oben, die die Richtung des Grenzverlaufs angab.

Nach ca. 250 m auf der Hohen Straße an dem Wegweiserstein „Hagelsteigweg" nach rechts abbiegen und dem schmalen Pfad hinunter ins Tal folgen. Nach ca. 800 m Abstieg trifft dieser auf den Chaisenweg. Dieser dient als Fahrstraße zum Heiligenberg. Links steht der **Schneebergbrunnen** und weiter oben am Hang der **Schneeberghochbehälter**. Der Brunnen wurde 1910 zusammen mit dem Wasserreservoir errichtet und ist ein Leitungswasserbrunnen, d. h. er liefert kein eigenes Quellwasser. Von der Schmitt'schen Quelle, Spechelsgrundquelle und Hirschquelle wird Wasser in das Reservoir geleitet. Im geschlossenen System kann dies ohne Pumpen erfolgen, da die Hirschquelle und die Spechelsgrundquelle höher liegen. Das Schneebergreservoir fasst 800 m³ Wasser. Sein Name leitet sich von der Lage am Nordhang des Heiligenberges ab, wo der Schnee länger liegen bleibt.

Den Chaisenweg ca. 50 m bergab gehen, bis links ein Trampelpfad hinunter in den Wald führt. Diesem folgen und bei der ersten Gelegenheit scharf rechts Richtung Norden abbiegen. Der Weg schlängelt sich durch den Wald an imposanten historischen Hohlwegen (▶ Hohlwege, Seite 22) vorbei und trifft auf eine Fahrstraße, den Waldweg. Diesen überqueren und auf der Straße bergab bis zur Kreuzung gehen. Gegenüber dem weißen Schild Richtung „Heiligenberg" geht ein Trampelpfad rechts durch das Gebüsch hinunter zu einem breiteren geteerten Weg. Auf diesem Weg nach rechts Richtung Nord-Osten gehen. Nach ca. 300 m ist links das eingezäunte Areal der **Schmitt'schen Quelle** zu sehen. Sie ist die stärkste Quelle im Mühltal. 1893 wurde sie für die Trinkwasserversorgung der Gemeinde Handschuhsheim gefasst. In einem flachen Gebäude ist dort heute eine Wasseraufbereitungsanlage eingerichtet. Das Wasser wird durch vollautomatische Filter geleitet. Dabei bindet Quarzsand die

Schwebstoffe im Wasser, Hydrogencarbonat sorgt für die Entsäuerung und hoch dosiertes UV-Licht für die Desinfektion. Dies macht den Einsatz von Chlor überflüssig. Der Name Schmitt'sche Quelle stammt von dem Vorbesitzer des Grundstücks. Früher hieß sie Bachspring.

Dem Weg noch ca. 150 m am Waldspielplatz vorbei folgen und die Straße überqueren. Dort ist der **Turnerbrunnen**. Er stellt ein Ehrenmal mit einem Löwenkopf und Sandsteinquadern dar, welches 1921 auf Initiative des TSV Handschuhsheim für die im Ersten Weltkrieg gefallenen Mitglieder errichtet wurde. 1956 wurde es auf beiden Seiten durch breite Schrifttafeln für die Gefallenen des Zweiten Weltkrieges erweitert. Auch dieser Brunnen ist ein Leitungswasserbrunnen und führt kein eigenes Quellwasser.

Links direkt neben dem Brunnendenkmal fällt ein hoher Wall auf. Es ist ein **Hochwasserschutzdamm**, der 1936 erbaut wurde, um Unwetterschäden im Dorf zu verhindern. Der Mühlbach wird in einem betonierten Bachbett zu dem Hochwasserrückhaltebecken geleitet. Dieses besteht aus zwei Kammern. Der Abfluss kann mit einem Absperrschieber geregelt werden.

Von hier über den Parkplatz zum Forsthaus zurückgehen.

Quellen

Barth, Wilhelm: Ehemalige Steinbrüche im Handschuhsheimer Wald, S. 111–117, Jahrbuch Handschuhsheim (2002)

Camino incluso: https://camino-incluso.de/

Haßlinger, Ludwig: Hochwasserschutz im Siebenmühlental, Jahrbuch Handschuhsheim S. 39–40 (2007)

Haßlinger, Ludwig: Trinkwasserversorgung in Handschuhsheim mit Wasser aus Buntsandsteinquellen, S. 37–44, Jahrbuch Handschuhsheim (2015)

Haßlinger, Ludwig, Die Abwasserentsorgung in Handschuhsheim vor dem Anschluss an die Kanalisation, S. 25–27, Jahrbuch Handschuhsheim (2017)

Holl, Eugen: Quellen und Brunnen am Heiligenberg, Jahrbuch Handschuhsheim, S. 73–78 (2002)

Katzenberger-Ruf, Karin: Kaum ein Heidelberger bekommt Quellwasser, RNZ Artikel (12.07.2016)

Klumb, Gerd: Historische Grenzsteine im Handschuhsheimer Wald, JB 2006, 25–32 (2006)

Klumb, Gerd: Historische Grenzsteine im Handschuhsheimer Wald Nachtrag, Jahrbuch Handschuhsheim, S. 24–25 (2007)

Koenemann, Friedrich-Franz: Wanderungen durch Heidelberger Wälder, 133 S., Universitätsverlag C. Winter, Heidelberger Verlagsanstalt, Heidelberg (1990)

Merz, Ludwig: II. Geheimnisse um Quellen, Jahrbuch Handschuhsheim S. 13–15 (1990)

Schweizer, Volker et al.: Sammlung Geologischer Führer, 203 S., Verlag Gebrüder Borntraeger, Berlin (1982)

Teufel, Dieter und Bauer, Petra: Die Wasserqualität Handschuhsheimer Quellen – Ist das Quellwasser im Wald noch gesund?, Jahrbuch Handschuhsheim, S. 55–62 (2004)

Trinkwasser für Heidelberg: https://www.swhd.de/wasser

Heiligenberg
Kelten, Kulte und Legenden

Heiner Grombein, Bachelor of Arts

▶ Startpunkt des Rundweges ist bei den Geopunkt-Tafeln auf dem großen Parkplatz. Der Heiligenberg ist vom 1. Mai bis zum 31. Oktober nur an Sonn- und Feiertagen zwischen 11 und 18 Uhr mit der rnv-Buslinie 38 ab „Hans-Thoma-Platz" zu erreichen, ansonsten zu Fuß oder mit dem Auto.

▶ Weglänge ca. 2 km, Dauer ca. 1:30 h mit jeweils 68 hm An- und Abstieg. Nicht geeignet für Kinderwagen und Rollstuhl.

▶ Öffnungszeiten der Klosteranlage: April bis September: Di–So 8–19 Uhr (Mo geschlossen); Oktober bis März: Di–So 8–16 Uhr, Feiertage 8–17 Uhr (im Dezember und Januar nur 8–16 Uhr).

▶ Möglichkeit zur Einkehr besteht in der Gaststätte „Waldschenke" an der Bushaltestelle auf dem Heiligenberg.

Zu Fuß unterwegs

Die Siedlungsgeschichte des Heiligenbergs umfasst mehr als 2500 Jahre. Die ältesten Spuren reichen aber noch weiter zurück – es wurden schon jungsteinzeitliche Gerätschaften wie Steinbeile und Gefäßscherben aus der Zeit um 5000 v. Chr. gefunden. Es folgten Funde aus der Bronzezeit von der keltischen Höhensiedlung und aus der Römerzeit.

Von der Bushaltestelle die Straße bergab zum großen Parkplatz gehen zu den Geopunkt-Tafeln mit erdgeschichtlichen und kulturellen Themen, die anlässlich des Kelten-Jahres 2012 hier aufgestellt wurden. Dort befindet sich auch ein Bronzemodell der **keltischen Höhensiedlung**. Ihre größte Ausdehnung hatte diese zwischen 480 und 280 v. Chr. und umfasste weite Teile des Heiligenbergs. Der Kernbereich lag

Keltische Höhensiedlung • Ringwall • St. Stephanskloster • Heiligenbergturm • Heidenloch • Thingstätte • St. Michaelskloster • Merkurtempel • Ostkrypta

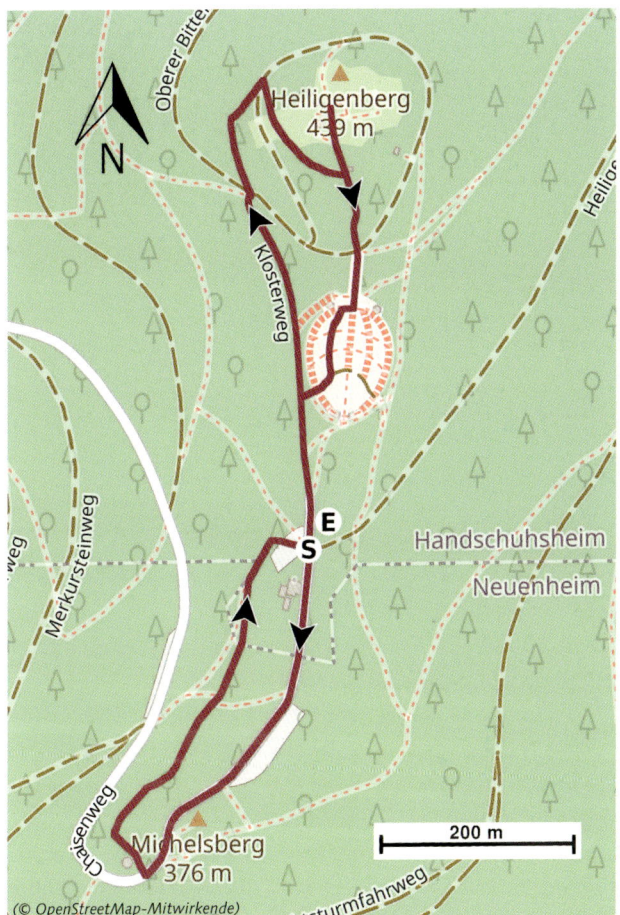

(© OpenStreetMap-Mitwirkende)

zwischen den beiden Gipfeln des Berges. Auf dem nördlichen Gipfel, wo heute die Ruine des Michaelsklosters
liegt, befand sich ein Fürstensitz. Der Fund des Kopfes
einer steinernen Grabstatue in Bergheim belegt dies. Die
Hänge unterhalb des Besiedlungsbereichs waren terrassiert und von zwei **Ringwällen** mit 2 und 3 km Länge umgeben. Deren Reste sind heute noch im Wald zu erkennen. Zwischen den Wällen lagen über 400 Hüttenplätze,
die auf dem Relief eingearbeitet sind. Spuren davon sind
im Gelände in Gestalt von Mulden und Wohnplateaus im
Waldboden ebenfalls noch erhalten.

Spuren der Wohnplateaus

Ein Grenzstein an der Straße mit den Symbolen von Handschuhsheim und der Gemeinde Neuenheim zeigt die Aufteilung des Heiligenbergs an die jeweiligen Gemeinden um 1833 (▶ Grenzsteine, Seite 94).

Die Straße weiter bergab wird das **St. Stephanskloster** erreicht. Eine Tafel gibt über das Kloster und ihren Gründer Auskunft. Die Stufen zur Basilika hinaufsteigen. Dort ist links auf dem Boden ein Grabstein der ältesten namentlich bekannten Neuenheimerin: **Hazecha**. Die Übersetzung der lateinischen Inschrift lautet: *„Hazecha, die Frau des Rickfried begehrte hier begraben zu werden und überließ den vierten Teil ihres Besitzes diesem Orden, damit diejenigen, die sich hier niedergelassen haben, an ihren Tod erinnern und sie das ewige Leben habe in Gott. An den 9. Kalenden des Dezember (23. November, Todesjahr unbekannt, Anfang des 12. Jh.) verstarb Hazecha".* Das Original des Steines befindet sich im Kurpfälzischen Museum.

Hier lohnt sich der Aufstieg auf den **Heiligenbergturm**, der wie ein mittelalterliches Bauwerk aussieht, dessen Inschrift aber belegt, dass er 1885 aus den Trümmern der

Klostergebäude durch den Verschönerungsverein Neuenheim erbaut wurde.

Der geheimnisvollste Ort auf dem Heiligenberg ist wohl das **Heidenloch**. Es befindet sich in einem Pavillon wenige Meter unterhalb des St. Stephansklosters. Der Schacht wurde 1987 freigelegt und die Schutzhütte darüber errichtet. Tafeln erläutern ausführlich die geologische Struktur des Schachtes und die Geschichten, die sich um ihn ranken. Im Pavillon befindet sich rechts an der Wand ein Lichtschalter zur Beleuchtung des Loches, das 55 m tief in den Sandstein getrieben wurde. Über genaue Entstehungszeit und die Funktion wird noch immer gerätselt. Vermutlich handelt es sich um eine Zisterne oder einen Brunnenschacht, der von den Römern oder in einer frühen Phase der Klöster angelegt wurde. Es wird aber auch die Ansicht vertreten, es handele sich um einen Ritualschacht aus keltischer Zeit.

Der Exkursionsweg geht um den Pavillon herum und auf der nördlichen Rückseite als kleiner Pfad den Keltenweg entlang. Unterwegs wird auf Tafeln die Geschichte der Kelten erzählt. Am ersten Schild geht es weiter gerade-

Heiligenbergturm und Ruine des St. Stephansklosters

Thingstätte aus bis zum Parkplatz vor dem Gasthaus „Waldschenke". Ein großer Wegweiserstein zeigt den Weg Richtung Heiligenberg (▶ Wegweisersteine, Seite 112).

Nun geht es den breiten Weg nach der Schranke bergauf, aber zunächst fällt der Blick auf eine Freilichtbühne, die sog. **Thingstätte**. Die Freilichtbühne wurde zur Zeit des Nationalsozialismus von 1934 bis 1935 erbaut. Der Architekt Hermann Alker entwarf die Anlage nach dem Vorbild griechischer Theater. Sie hatte 8000 Sitz- und etwa 5000 Stehplätze. Die Bühne wurde im Nationalsozialismus für Propagandaveranstaltungen und nach dem Zweiten Weltkrieg gelegentlich für Freiluftkonzerte genutzt.

Der Exkursionsweg führt weiter den Waldweg hinauf, der auch hier eine Teilstrecke des Keltenweges ist. An den Bildtafeln wird Wissenswertes zur keltischen Höhensiedlung vermittelt.

Die Strecke folgt dann einige hundert Meter dem Verlauf des inneren Ringwalls der Keltensiedlung. Auffallend sind hier die vielen kleinen Sandsteinbrocken, mit denen der Waldboden übersät ist. Diese kommen aus der Mauer des alten Ringwalls. Die ehemalige **Pfostenschlitzmauer**

(lat. „*murus gallicus*") bestand aus einem Erdwall, dessen Frontseite durch eine Trockenmauer verstärkt wurde. Die Steine wurden von Palisadenrahmen gehalten, bei denen in Schlitze Querpfosten eingelassen waren.

Steintürmchen am Tor des inneren Walls

Nach ca. 500 m macht der Weg einen weiten Bogen nach rechts (Nordosten). Wer holprige Pfade nicht scheut, kann bei der Biegung geradeaus den schmaleren Waldweg bergauf gehen. Er führt vorbei an vielen Sträuchern und über die Steine des Ringwalls zu einer Stelle, die von einer Tafel als „**Tor des inneren Walls**" gekennzeichnet wird. Wer genau hinschaut, kann hier sehen, dass der Verlauf des terrassenförmigen Abhangs unterbrochen ist. In dieser Lücke war das Tor. Dass sich die Steine gut zu einer Trockenmauer aufschichten lassen, zeigen auch die Türmchen, die dort im Rahmen von Landschaftskunstaktionen entstanden sind.

Im weiteren Verlauf des Weges kommen nun bereits die westlichen Türme des **St. Michaelsklosters** in Sicht. Zum Eingang der mit einem Zaun umgebenen Anlage führt der obere der beiden nach rechts abbiegenden Wege. Bei geöffnetem Tor geht es leicht bergauf zum Südeingang der Ruine der **St. Michaelsbasilika**. Hier gibt eine Tafel einen Überblick über den Grundriss der Anlage und die Funktion der Gebäudeteile. Die Vorgängergebäude sind ebenfalls eingezeichnet, insbesondere die Position des römischen **Merkurtempels,** der sich einst auf dem Gipfel des Heiligenbergs befand.

Die Besichtigung beginnt im Inneren der Basilika. Der Umriss des kleinen Tempels für den Götterboten und Seelenbegleiter Merkur ist in der Mitte der Basilika markiert. Während der Altarraum der Klosterkirche wie üblich nach Osten ausgerichtet ist, steht der Tempel mit der Apsis in nördlicher Richtung, also quer dazu. Der kleine Tempel war einst prächtig ausgestattet: Der Außenputz wirkte durch einen roten Fugenstrich farbenfroh und im Innenraum fanden sich Reste von geflecktem Porphyr aus Griechenland und weißem Marmor aus Norditalien. Zu der Tempelanlage gehörten weitere Gebäude und eine Säule, an deren oberen Ende sich eine Statue des Gottes Jupiter befand. Die Säule selbst ruhte auf einem Sockel,

Aussicht auf das Heidelberger Schloss

auf dem vier Götter dargestellt waren. Der „Viergötterstein" ist heute im Kurpfälzischen Museum zu sehen. Er hat die Jahrhunderte überstanden, weil er mit ausgehöhlter Oberfläche Weihwasserbecken der Klosterkirche wurde. Auch in der Zeit, in der das Kloster verfiel, wurde dem Stein stets Respekt gezollt. Im 18. Jh. wurde er Teil der Antikensammlung des Kurfürsten Carl Theodor in Mannheim.

Vom Merkurtempel aus geht es auf den Nordturm. Von dort besteht eine Aussicht weit nach Westen auf den Verlauf des Neckars, über die Rheinebene und auf die Pfälzer Berge. Der Ur- und Frühgeschichtler Peter Marzolff bezeichnete den Heiligenberg als den *„Wächter der Landschaft"*, weil dieser einen Torpfeiler des Buntsandstein-Odenwaldes über dem Austritt des Neckars in die Rheinebene bildet. Seine hervorragende Schutzlage und die weithin beherrschende Stellung haben über Jahrtausende Menschen angezogen.

Der Blick nach Osten gewährt einen guten Überblick über die **Klosteranlage**. Die Besonderheit des St. Michaelsklosters ist die Lage der Gebäude. Kreuzgang und Wohngebäude befinden sich östlich hinter der Kirche. Normalerweise liegen solche Gebäude südlich neben der Klosterkirche. Hier setzt die Klosteranlage aber bauliche Strukturen fort, deren Ursprünge auf die römische Tempelanlage zurückgehen.

Nachdem die Römer die Siedlung und den Tempel aufgegeben hatten, stand die Anlage verlassen da. Sie wurde erst um das Jahr 700 Mittelpunkt einer fränkischen Burganlage. Diese kam dann 882 in den Besitz des Benediktinerklosters Lorsch. So wurde die Burg zum Kloster. Der Merkurtempel war bereits Burgkapelle, wurde Klosterkirche und dem Erzengel Michael geweiht. Ab dem Jahr 1032 entstand quer dazu die erste romanische Basilika. Im 13. Jh. übernahmen die Prämonstratenser aus dem Stift Allerheiligen im Schwarzwald das Kloster. Da erst bekam der Berg seinen Namen **Heiligenberg**. Der Name ist wegen der ständigen Abfolge der Kulte auf dem Berg sehr passend.

St. Michaels-kloster

Alte Zisterne der Kloster-anlage

Eine Exkursion zum Heiligenberg wäre unvollständig ohne einen Blick in die **Ostkrypta.** Man kann entweder vom Chor aus von oben hinunterschauen oder über die relativ hohen Treppenstufen die Krypta selbst betreten. Hier befindet sich das Grab des 1070 verstorbenen Abtes **Friedrich von Hirsau.** Der Heiligenberg war sein Exil, weil die Mönche von Hirsau gegen ihren strengen Abt gemeutert und ihn abgewählt hatten. Nach seinem Tod wurde er als Heiliger verehrt und das St. Michaelskloster wurde Wallfahrtsort. Noch heute besuchen Menschen sein Grab, oft sind frische Blumen auf der Grabplatte abgelegt.

Der Exkursionsweg führt nun zurück zum Ausgang des Geländes. Auf der linken Seite ist noch eine viereckige eingezäunte Vertiefung zu sehen: Es ist die Öffnung einer Zisterne, die der Wasserversorgung diente.

Der Rückweg verläuft einmal quer durch die Thingstätte und von dort wieder zurück an der „Waldschenke" vorbei zum Ausgangspunkt.

Quellen
Ludwig, Renate und Marzolff, Peter: Der Heiligenberg bei Heidelberg, 2. Aufl., Theiss Verlag, Stuttgart (2008)
Moers-Messmer, Wolfgang von: Der Heiligenberg bei Heidelberg, 3. Aufl., Brausdruck, Heidelberg (1987)

Neuenheim

Buntsandstein am Philosophenweg

Stephanie Hartmann, Diplom-Geographin

▶ Startpunkt des Rundweges ist im Stadtteil Neuenheim am Anfang der Albert-Überle-Straße, erreichbar mit der rnv-Buslinie 34, Haltestelle „Bergstraße".

▶ Weglänge ca. 3,6 km, Gehzeit ca. 2 h mit jeweils 123 hm An- und Abstieg. Zu Beginn steiler Anstieg. Ansonsten asphaltierte Wege und Forstwege. Nicht geeignet für Kinderwagen und Rollstuhl.

▶ Möglichkeiten zur Einkehr bestehen z. B. im „River-Café" und „Zum Achter".

Zu Fuß unterwegs

Der Weg führt die Albert-Überle-Straße den Berg hinauf (Schild „Zum Philosophenweg"). Beim Aufstieg ist etwas Kondition gefragt. Unterwegs fallen bereits die Steinmauern aus **Buntsandstein** auf. Hier lohnt sich ein genauer Blick auf die einzelnen Sandsteinquader. Einige der Bausteine sind mit hellen Streifen durchzogen. Dies ist das sog. **Eck'sche Konglomerat** (nach dem Geologen Heinrich Adolf von Eck), eine Ablagerung im Mittleren Buntsandstein. Im Heidelberger Raum ist die Ablagerung 30–50 m mächtig und besteht überwiegend aus mürbem Sandstein mit Geröllen aus Kieselsteinen (Quarzit) darin.

Eck'sches Konglomerat und Pseudomorphosensandstein • Philosophenweg • Blick auf das Stadtpanorama • ▶ Buntsandstein • Bismarckturm • Hölderlin-Anlage • Dagrisbach • Engelskirche • Merianstich • Bruchschollen • Heidelberger Schwemmfächer • Neckar

Andere Sandsteine enthalten dunkle Flecken; das sind eingelagerte Eisen- und Manganverbindungen. Sie sind charakteristisch für den **Pseudomorphosensandstein.** An manchen Stellen sind die Flecken herausgewittert, wodurch kleine Hohlräume entstanden.

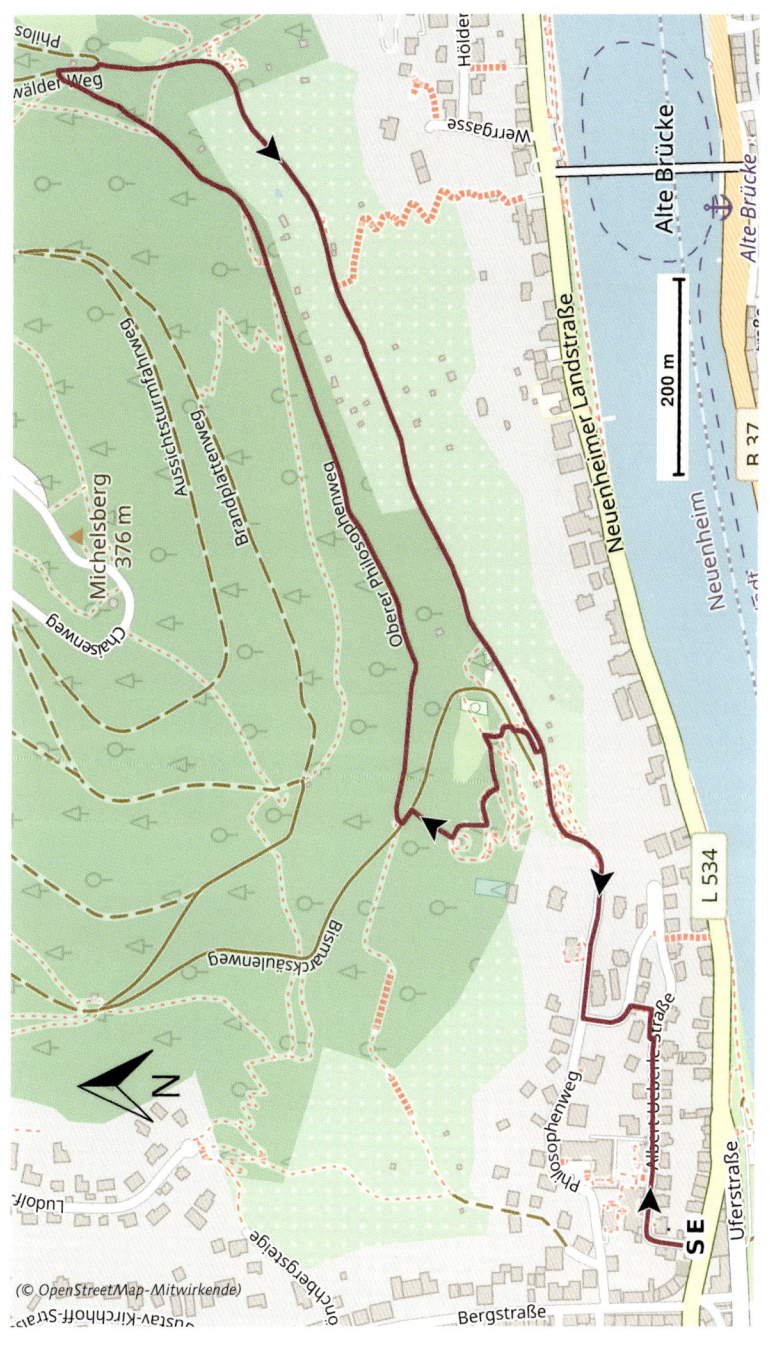

(© OpenStreetMap-Mitwirkende)

▶ Buntsandstein

(Verena Dunckelmann)

Der Begriff Buntsandstein umfasst eine mehrere hundert Meter mächtige Gesteinseinheit aus überwiegend rotem Sandsteinen und Tonsteinen. Geringe Beimengung von Eisen geben dabei dem Sandstein seine typisch rote Farbe. Die Hausberge Heidelbergs wie der Heiligenberg oder der Königstuhl bestehen aus Buntsandstein. Die Gesteinsschichten werden unterteilt in Unteren, Mittleren und Oberen Buntsandstein. Zum Mittleren Buntsandstein gehören die bereits erwähnten Schichten des Eck'schen Konglomerates und des Pseudomorphosensandsteins. Früher wurde vor allem der Mittlere Buntsandstein als Baumaterial für Bauwerke verwendet. Das Schloss, die Alte Brücke, die Klöster am Heiligenberg oder die Tiefburg sind aus diesem Gestein errichtet.

Eine Pseudomorphose kann durch folgende Prozesse entstehen: Ein Mineral kristallisiert im Gestein in seiner typischen Form (z. B. als Kubus) aus und wird später durch Wasser weggelöst. In den fest umrandeten Hohlraum (Kubus) setzt sich nun ein anderes Mineral und nimmt diesen ein. Im Pseudomorphosensandstein wurden Kalkminerale herausgelöst. In die Hohlräume haben sich später lockerer Sand sowie Eisen- und Manganoxide eingelagert (dunkle Flecken).

Buntsandstein als Sedimentgestein wurde vor etwa 250 Mio. Jahren in der geologischen Zeit des Trias im

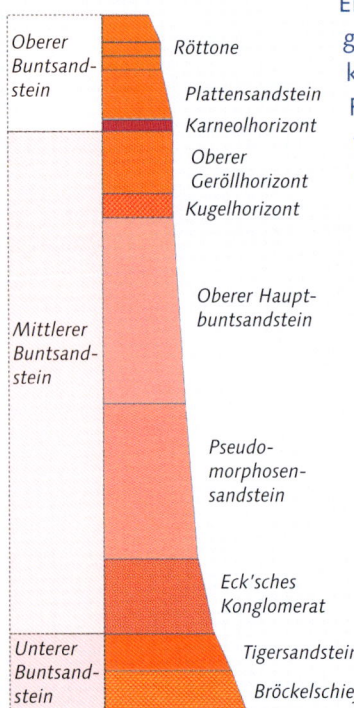

Oberer Buntsandstein — Röttone, Plattensandstein, Karneolhorizont

Oberer Geröllhorizont, Kugelhorizont

Oberer Hauptbuntsandstein

Mittlerer Buntsandstein

Pseudomorphosensandstein

Eck'sches Konglomerat

Unterer Buntsandstein — Tigersandstein, Bröckelschiefer

Gesamtprofil des Buntsandsteins im Exkursionsgebiet [Quelle: Rüger (1928), Grafik: Verena Dunckelmann]. Die stratigrafische Bezeichnung an der Basis des Buntsandsteins wurde unterdessen verändert [Geyer und Gwinner (2011)]

Erdmittelalter abgelagert. Zu jener Zeit war die Region, in der heute Heidelberg liegt, Teil eines großen Inlandsbeckens, das sich im Inneren des Großkontinents Pangäa erstreckte. Es lag nahe am Äquator, weshalb ein tropisches Wüstenklima herrschte. Die halbwüstenartige Landschaft wurde immer wieder von weitverzweigten Flusssystemen überflutet.

Pseudomorphosensandstein (oben)
Eck'sches Konglomerat (unten)

Infolge von zeitweise auftretendem Starkregen kam es auch zu Sturzfluten und Überschwemmungen, bei denen innerhalb kurzer Zeit große Mengen an Gesteinsmaterial abgelagert wurden. Die mit dem Wasser transportierten Sande, Tone und Gerölle verdichteten und verfestigten sich mit der Zeit

zu Sandsteinen und bilden heute mächtige Buntsandsteinschichten. Kurzzeitige Überschwemmungen wechselten mit langen Austrocknungsphasen. So konnten fossile Trockenrisse und Netzleisten entstehen.

Die meisten Quellen im Heidelberger Stadtwald entspringen im Unteren Buntsandstein (z. B. Schmitt'sche Quelle), im Eck'schen Konglomerat (z. B. Spechelsgrundquelle) oder im Pseudomorphosensandstein (z. B. Hirschquelle). Das Regenwasser versickert im porösen, zerklüfteten Sedimentgestein und wird an undurchlässigen Tonschichten gestaut. Dort tritt es als sog. Schichtquelle aus.

Philosophen-
gärtchen

Die zahlreichen schönen Villen entstanden zwischen 1900 und 1912. Hausnummer 28 und 30 hat das damals sehr bekannte Architekturbüro Henkenhaf & Ebert für den ersten Reichspräsidenten der Weimarer Republik, Friedrich Ebert, gebaut.

An der nächsten Weggabelung rechts auf den **Philosophenweg** abbiegen. Hinter der Schranke säumen Tro-

ckensteinmauern den Weg: grob behauene Buntsand-
steine, die ohne Mörtel aufeinander gesetzt wurden.
Bereits zur Römerzeit wurde der Hang terrassiert und
mit Weinreben bepflanzt. Die sonnenexponierten Mau-
erfugen dienen Eidechsen und anderen wärmeliebenden
Tieren als Unterschlupf.

Das Mikroklima des Philosophenwegs wird durch die
Hanglage beeinflusst. Schwerere kalte Luft sinkt in den
Abendstunden nach unten, die warme Luft liegt oben
auf. Dadurch kommt es seltener zu Nachtfrösten und
eine subtropische mediterrane Vegetation kann hier ge-
deihen. Die meisten exotischen Pflanzenarten stammen
aus dem Mittelmeerraum (Nordafrika, dem Balkan und
dem westlichen Orient). Zu finden sind Palmen, Zedern-
bäume, Mandelbäume, Wollmispel, Zitrus, Jasmin und
Korkeiche.

Der Philosophenweg war früher ein schmaler Weg
durch die Weinberge und wurde 1837 ausgebaut. Einst
wanderten Gelehrte und Studenten hier und philoso-
phierten. Vom Philosophengärtchen mit dem Rondell
können die Besucher heute auf das **romantische Heidelberg** und in die Rheinebene blicken.

An der Weggabelung führt der rechte Weg zu einer
Informationstafel. Ein Stück weiter hinter dem Gelän-
der steht ein Insektenhotel. Daneben führt eine kleine
Treppe hoch zu einem asphaltierten Weg, gekennzeichnet durch die Beschilderung des Burgensteigs (blaue Burg
auf weißem Grund). Direkt gegenüber die Treppe em-
porsteigen, die ebenfalls mit dem Burgensteig-Zeichen
gekennzeichnet ist. Sie führt auf eine offene Wiesenflä-
che und ist Teil eines **ehemaligen Steinbruchs**, dessen
Sandsteine in Heidelberg als Baumaterial verwendet wurden. Einige frisch abgebrochene Steine zeigen kleine Ver-
tiefungen und braune Flecken. Es handelt sich wieder
um **Pseudomorphosensandstein**. Die Ablagerung ist im
Heidelberger Raum 100–130 m mächtig. Für das geologische Verständnis ist dies ein wichtiger Standort, denn auf
der weiteren Exkursionsroute wird dieser Sandstein auch

Bismarckturm

in einer anderen Höhe auftauchen. Durch den Einbruch des Oberrheingrabens (▶ Oberrheinische Tiefebene, Seite 130) sind am Grabenrand tektonische Bruchzonen, Störungen und Verwerfungen entstanden, die der Grund dafür sind, dass Gesteinsschichten nicht immer exakt auf einer Höhe, sondern versetzt zueinander zu finden sind.

Von hier aus führt der Weg zum **Bismarckturm**, der über kleine Wege und Treppenstufen links des Steinbruchs erreichbar ist. Der Turm wurde 1903 zu Ehren Otto von Bismarcks aus dem Material des Steinbruchs erbaut.

Von hier geht es den breiteren Weg weiter bis zur asphaltierten Straße, dort links und dann die nächste Möglichkeit rechts in den Oberen Philosophenweg hinein (gekennzeichnet mit dem Burgensteig-Zeichen) in Richtung Weißer Stein. Auf der linken Seite kommt nach ca. 50 m ein **Buntsandsteinfelsen**, der zu einem ehemaligen Steinbruch gehört. Im unteren Bereich ist das Gestein durchzogen mit hellen Streifen und schönen Mustern. Darüber schließt sich eine Lage mit vielen kleinen Löchern an. Auch hier zeigen sich wieder das Eck'sche Konglomerat und der Pseudomorphosensandstein, diesmal auf einer anderen Höhe.

Buntsandsteinfelsen: Oben der Pseudomorphosensandstein mit Löchern, unten das Eck'sche Konglomerat mit einer feinen helleren Schichtung

Der Weg geht nun weiter durch einen schönen Buchenwald mit **Ausblicken auf Heidelberg** und die **Alte Brücke**. An der nächsten Weggabelung endet der Obere Philosophenweg, die Route verläuft nach rechts den Berg wieder hinab. Zur Linken steht die Odenwälder Hütte, daran vorbei und nach ein paar Metern rechts auf einen Weg gehen, der wieder auf den Unteren Philosophenweg trifft. Dort steht auf der linken Seite ein Grenzstein mit den Symbolen WH und einem Kreuz. 1575 gründete der Kurfürst Friedrich III. ein Waisenhaus in Handschuhsheim (WH) und stattete es mit vielen Besitztümern aus (▶ Grenzsteine, Seite 94).

Den Philosophenweg entlang führt der Weg zurück und passiert die **Hölderlin-Anlage**. Dieser Platz ist dem Dichter Friedrich Hölderlin (1770–1843) gewidmet. Hier steht ein großer Gedenkstein, auf dem der Anfangsvers der berühmten Heidelberg-Ode von Friedrich Hölderlin zu lesen ist.

*Mauerreste der
Engelskirche*

Die Mauerreste am Wegrand stammen von der Dag-risbacher **Engelskirche**, die hier bis ca. 1800 stand. Das Dorf **Dagrisbach**, 1286 zum letzten Mal bezeugt, befand sich auf dem Platz des heutigen Hotels „Hirschgasse". Der dazugehörige Friedhof war in der unmittelbaren Umgebung der Hölderlinanlage. Hinter der Mauer liegt ein Erinnerungsstein an das Dorf und die Engelskirche, die auf einigen wenigen alten Stadtansichten noch zu sehen ist.

Dem Philosophenweg weiter folgend steht an einer Stelle mit guter Aussicht auf die Stadt eine Tafel mit dem berühmten **Merianstich**. Dieser zeigt, wie es im 16. Jh. auf der anderen Neckarseite ausgesehen hat. Die Hänge waren damals komplett abgeholzt worden. Ökologische Folgeschäden waren eine Verarmung des Nährstoffgehalts des Bodens und dass durch das Fehlen der Vegetation ein großer Teil des fruchtbaren Bodenmaterials abgeschwemmt worden war. Diese Erosionsspuren sind im Merianstich zu sehen.

Der Blick auf Heidelberg offenbart auch die Strukturen der **Bruchschollen**. Zwischen Molkenkur und Gaisbergscholle verläuft das Klingenteichtal. Durch dieses Tal wurde in den Eiszeiten Bodenmaterial, Geröll und Steine nach unten geschwemmt und lagerten sich am Fuß ab. So entstand ein **Schwemmfächer**, der ein bevorzugter Siedlungsbereich oberhalb des ehemaligen Neckars war. Darauf steht heute die Peterskirche, erkennbar an dem bläulich-grünlichen Kirchturm. Sie steht deutlich erhöht und ist mit etwa 900 Jahren die älteste Kirche von Heidelberg. Der Name **Neckar** kann von einer keltischen Bezeichnung abgeleitet werden, die so viel bedeutet wie „wildes Wasser". Das ureuropäische *„nik"* bedeutet „losstürmen". Vermutlich hieß der Neckar in vorchristlicher Zeit *„Nikros"* und der Name entwickelte sich über *„Nicarus"* und *„Neccarus"* zu Neckar.

Um zum Ausgangspunkt zurückzukommen, dem Philosophenweg weiter folgen und über die Albert-Überle-Straße absteigen.

Quellen

Geyer, Otto und Gwinner, Manfred: Geologie von Baden-Württemberg. 5. Neuauflage hrsg. v. Matthias Geyer, Edgar Nitsch u. Theo Simon. 482 S., Schweitzbart'sche Verlagsbuchhandlung, Stuttgart (2011)

Hartmann, Stephanie: Der Stadtkreis Heidelberg im Geopark „Bergstraße-Odenwald". Diplomarbeit im Fach Geographie, Ruprecht-Karls-Universität Heidelberg, Geographisches Institut (2007)

Heinemann, Günter: Der Philosophenweg in Heidelberg. Ein Führer durch Geschichte und Gegenwart. Verlag Brigitte Guderjahn, Heidelberg (1991)

Kuckuck, Friedrich: Die Wasserversorgung der Stadt Heidelberg in ihrer geschichtlichen Entwicklung, jetzigen Bedeutung und zukünftigen Gestaltung. Vortrag im Naturhist.-Medizinischen Verein, Heidelberg, 6.12.1912, https://www.zobodat.at/pdf/Verh-nathist-med-Ver-Heidelberg_12_0355-0371.pdf

Rüger, Ludwig: Geologischer Führer durch Heidelbergs Umgebung. 351 S., Carl Winters Universitätsbuchhandlung, Heidelberg (1928)

Schweizer, Volker: Stadtgebiet von Heidelberg (Exkursion A vom 21. April 1992). Jahresbericht Mitteilungen des Oberrheinischen Geologischen Vereins 74: S. 25–30 (1992)

Seeling, Jens: Heidelberg. Wanderungen durch die Erdgeschichte, 1. Aufl., 160 S., JSV Jens Seeling Verlag, Frankfurt a.M. (2005)

Exkursionen südlich des Neckars

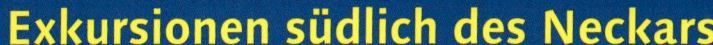

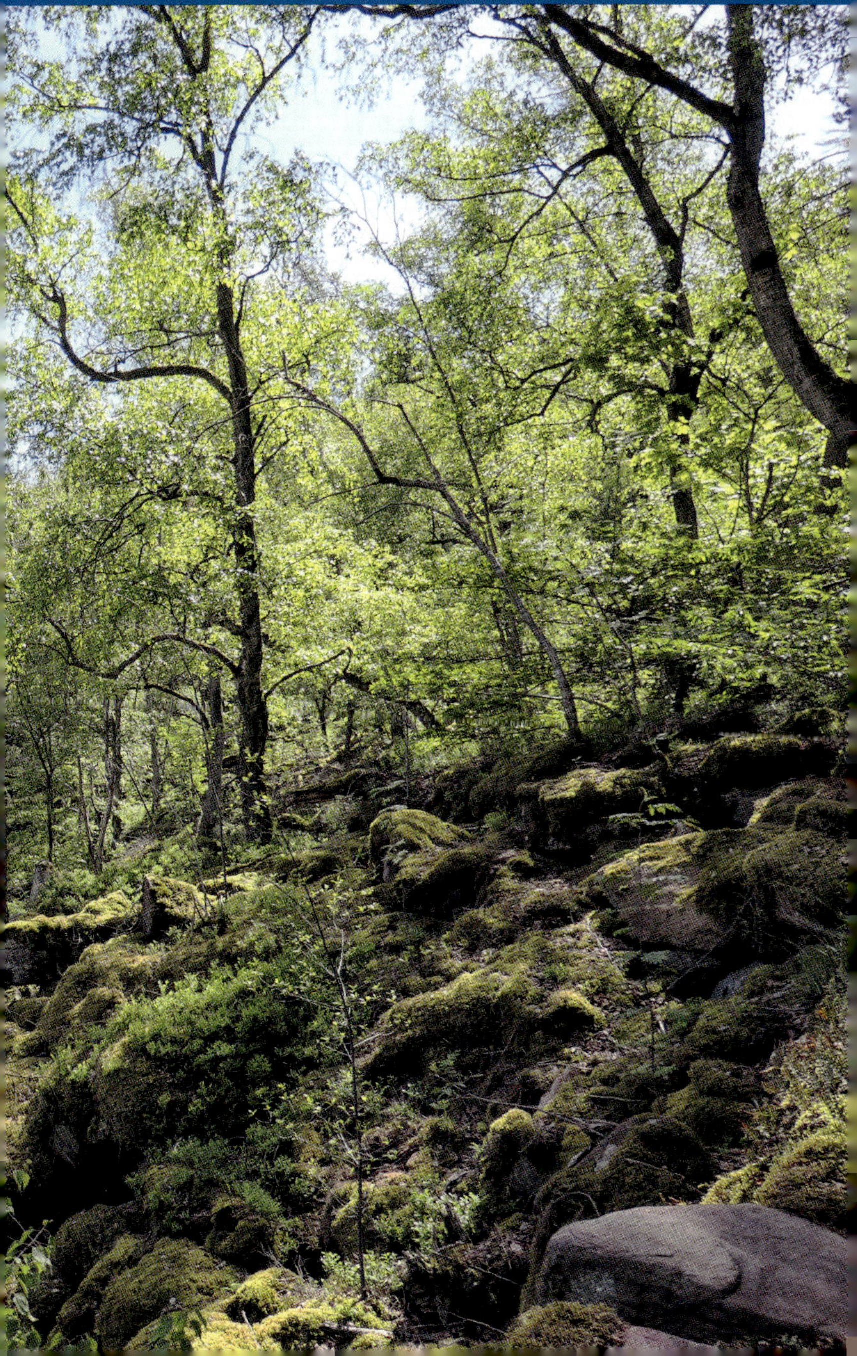

Altstadt

Riesenstein und Klingenteichfall: Entspannen auf historischen Pfaden

Katja Dienemann, Diplom-Übersetzerin, systemische Naturcoachin und Trainerin

▶ Startpunkt des Rundweges ist am Adenauerplatz in Heidelberg. Nächste Haltestellen sind „Seegarten" (rnv-Buslinie 20, 32, 33 und Straßenbahnlinie 5, 21, 22, 23) sowie „Gaisbergstraße" (Buslinie 33, 20). Auch der Verkehrsknotenpunkt „Bismarckplatz" ist in wenigen Minuten fußläufig erreichbar.

▶ Weglänge ca. 3,7 km, Gehzeit ca. 2:30 h mit jeweils 177 hm An- und Abstieg. Die teilweise naturbelassenen Pfade erfordern eine gewisse Trittsicherheit und sind mit Kinderwagen oder Rollstuhl nicht befahrbar.

▶ Möglichkeiten zur Einkehr bestehen am Ende der Exkursion in einem der zahlreichen Gaststätten in der Altstadt, z. B. im „Essighaus", Plöck 97.

Zu Fuß unterwegs

Durch die Fußgängerunterführung im Westen gehen, die zum Adenauerplatz führt. Etwa in der Mitte öffnet sich die Unterführung zu dem von einer Kreisbogentreppe umsäumten **Neptun-Brunnen**. Die Sandsteinfigur von 1989 ist eine Nachbildung der ursprünglichen Neptun-Statue aus dem 19. Jh. Oben angekommen, beeindruckt ein hoher Wasserspeier aus Bronze. Der nach seinem Bildhauer benannte **Scheithauer-Brunnen** lädt in der warmen Jahreszeit ein, sich in der Gischt zu erfrischen. Dabei können die Verkehrsgeräusche bewusst ausgeblendet werden. Das Plätschern des Wassers entspannt und hebt die Stimmung.

Der **Adenauerplatz** ist eine grüne Verkehrsinsel zwischen mehreren Hauptverkehrsadern Heidelbergs. Funktion und Gestaltung des Areals haben sich

Seegarten • Büste von Alexandru Ioan Cuza • Gaisberg • Historischer Pfad mit den ehemaligen Vorwerken Trutzkaiser und Trutzbayer • Sieben Linden • Übungen zum Entspannen und Auftanken • ▶ Natur als Kraftquelle • Riesenstein • Klingenteichfall • Jüdischer Friedhof • Klingentor

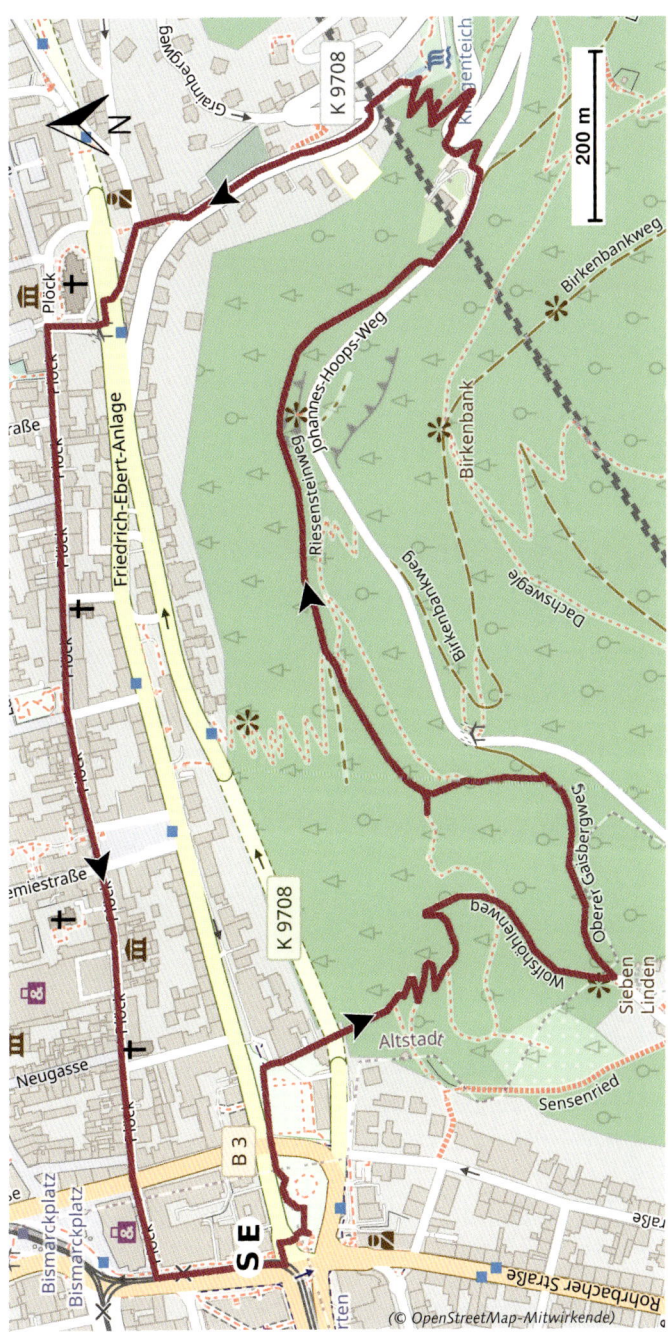

(© OpenStreetMap-Mitwirkende)

Scheithauer-
Brunnen

im Laufe der Zeit vielfach gewandelt. 1830 legte der damalige Garteninspektor der Heidelberger Universität,
Johann Metzger, hier einen Versuchsgarten des Landwirtschaftlichen Vereins an. 1976 zum 100. Geburtstag
von Konrad Adenauer, dem ersten Bundeskanzler der
Bundesrepublik Deutschland, erhielt das Areal den Namen „Adenauerplatz". Sein heutiges Gesicht bekam die
Grünanlage im Rahmen einer kostspieligen Umgestal-
tung Mitte bis Ende der 1980er-Jahre.

1840 wurde schräg gegenüber (beim heutigen Mengler-
bau-Hochhaus) der erste Bahnhof Heidelbergs eröffnet.
Mit Blick Richtung Nordwesten ist das markante Hoch-
haus, welches bis heute das einzige im Stadtzentrum ist,
gut zu erkennen. Mit dem Bahnhofsbau einher ging der
Bau zahlreicher repräsentativer Villen und Hotels um die
Grünanlage herum. 1885 wurde die Fläche im Westen
mit dem Neptun-Garten in einen öffentlichen Park umgewandelt, der später in **Seegarten** umbenannt wurde.
1955 wurde der Hauptbahnhof an seinen heutigen Standort verlegt und der alte Bahnhof abgerissen. Von 1960 bis
1973 diente der Seegarten als Knotenpunkt für die Straßenbahn mit Wendeschleife, Haltestellen, Fußgängerunterführung, kleinen Geschäften und Kiosken.

Am Brunnen links vorbeigehen und an der Fußgänger-ampel über die B3 zum zweiten Teil des Adenauerplatzes begeben, dem ehemaligen **Stadtgarten**. Geradeaus wei-ter befindet sich ein *Ginkgo biloba*. Die ursprünglich in China heimischen Ginkgo- bzw. Fächerblattbäume zäh-len zu den lebenden Fossilien, da sie seit Jahrmillionen unverändert sind.

Die Grünanlage nach einem weiteren Wasserspiel ver-lassen und an der Büste von **Alexandru Ioan Cuza** nach rechts wenden. Dieser war Gründer und bis zu seiner er-zwungenen Abdankung 1866 erster Regent des Fürsten-tums Rumänien. Er starb 1873 in Heidelberg. Das ehe-malige Hotel „Victoria" etwas weiter bergauf links be-herbergt seit 1956 das Juristische Seminar.

Zwischen der Büste rechts und dem Juristischen Semi-nar links führt die Route am Hang des **Gaisbergs** bergauf in den Stadtwald. Dieser Wolfshöhlenweg ist nach dem gleichnamigen Walddistrikt benannt. Eine Höhle ist al-lerdings nicht bekannt. Der etwa 376 m hohe Gaisberg ist dem 570 m hohen Königstuhl im Westen vorgelagert. Noch Anfang des 17. Jh. war der Gaisberg nahezu unbe-waldet. Die ebenfalls verwendete Schreibweise Geißberg weist darauf hin, dass hier früher Geißen weideten.

Am Waldrand markiert eine Schautafel den Beginn des **Historischen Pfades**. Der 1957 eröffnete Pfad verläuft auf 12 km zu ausgeschilderten Stellen der Bergbefestigungen und gegnerischen Schanzen aus der Zeit der Belagerung Heidelbergs 1622 durch Tilly (siehe „Trutzkaiser" unten) und ist mit einem gelben R markiert. Die Exkursions-route verlässt den Historischen Pfad erst nach dem Vor-werk Trutzbayer.

Auf dem größtenteils gepflasterten und kurvigen Wolfs-höhlenweg bleiben und dem gelben R des Linken Neckar-randweges bergauf folgen. Zum Entspannen bietet es sich an, gemächlichen Schrittes mit tiefen Atemzügen zu ge-hen. Diese Gehweise entschleunigt auch die Gedanken. Vielleicht entstehen dabei im übertragenen Sinne auch Ideen für ein passendes Lebenstempo.

An der ersten Weggabelung den schmalen Weg geradeaus nehmen. Vorbei an historischen, ohne Mörtel errichteten Trockensteinmauern führt der Weg zum ehemaligen Standort des **Vorwerks Trutzkaiser**. Der formschöne achteckige Wehrturm wurde 1462 von Kurfürst Friedrich I. errichtet, um den Zugang zu Heidelberg über den Hohlweg abzuriegeln und Kaiser Friedrich III. *„zu trotzen"*. Im Böhmisch-Pfälzischen Krieg, der ersten Phase des Dreißigjährigen Krieges, wurde Heidelberg 1622 durch die Truppen der Katholischen Liga unter dem Feldherrn Tilly belagert. Der zwischenzeitlich umgebaute Wehrturm hielt mehreren schweren Angriffen stand, bis die Stadt letztendlich doch eingenommen wurde.

Weiter geht es den Gaisberg hinauf bis zum Rastplatz **Sieben Linden**. Über Lücken in der Hangvegetation lässt sich noch ein Blick in die Rheinebene erhaschen (▶ Oberrheinische Tiefebene, Seite 130). Bei klarer Sicht ist auch die markante Silhouette des etwa 35 km entfernten Pfälzerwaldes erkennbar. Die ursprünglich sieben Linden sind teilweise über ihr Wurzelwerk zusammengewach-

Trutzkaiser-Gedenkstein

Sieben Linden

sen. Linden mit ihren herzförmigen Blättern sind unter anderem Symbole für Frieden, Treue und Gerechtigkeit. Wer hat noch nicht von Dorflinden als Zentrum des Gemeinschaftslebens, Tanzlinden als Mittelpunkt dörflicher Feste oder Gerichtslinden als Orte der Wahrheit gehört? Die Bäume mit ihrer besonderen Ausstrahlung eignen sich hervorragend für eine Übung zum Entspannen und Auftanken. Dazu bequem zwischen die Linden und Wurzeln hinstellen oder -setzen, an einen der mächtigen Stämme anlehnen und die Augen schließen. Alle Belastungen können beim Ausatmen in den Boden abfließen. Beim Einatmen die Kraft und Stabilität der Bäume in sich aufnehmen. Falls hilfreich, kann die Rinde zusätzlich achtsam mit den Händen berührt werden. Die Gedanken dürfen frei fließen. Auf diese Weise können Ideen für eine kraftvolle Lebensgestaltung entstehen.

Von den Sieben Linden geht es links den asphaltierten Oberen Gaisbergweg bergauf bis zum Wegweiserstein „Trutzbaier – Riesenstein – Kanzel". Hier links in den

Natur als Kraftquelle

Menschen lebten den größten Teil ihrer Entwicklungsgeschichte als naturverbundene Wesen, eingebunden in die Rhythmen der natürlichen Umgebung. Bis heute sind alle Sinne und Körperabläufe auf den Aufenthalt und die Bewegung in der Natur optimiert. So sind Tageslicht, natürliche Farben und Naturgeräusche ebenso Balsam für Körper, Geist und Seele wie längere Gehstrecken. Kunstlicht, Bildschirmarbeit, sitzende Tätigkeiten, Informationsüberflutung oder Verkehrslärm hingegen stressen den Organismus. Da letzteres den Alltag vieler Menschen prägt, ist der Kontakt zur Natur umso wichtiger, um psychisch und physisch gesund zu bleiben.

Zahlreiche Studien belegen, dass die Natur eine wahre Kraftquelle ist. Naturkontakte reduzieren Stress, Stresshormone und negative Gefühle. Erholung, Wohlbefinden, Energie und Glücksgefühle stellen sich ein. Dabei muss es sich nicht um eine Wildnis oder Wald handeln. Auch ein grüner Stadtpark kann diese Wirkung haben.

Allein der Blick auf grüne und vor allem ästhetisch schöne Landschaften mindert Puls, Blutdruck und Muskelspannung. Die sanfte Faszination, die die Natur ausübt, entspannt den Geist und stellt die Fähigkeit zur gerichteten Aufmerksamkeit wieder her. Kreativität und Konzentration nehmen zu, die Problemlösungsfähigkeit verbessert sich. Natürliche Umgebungen fördern das Gefühl von Kontrolle und Kompetenz.

Regelmäßige Bewegung hat bekanntermaßen zahlreiche positive Wirkungen. Beispielsweise erhöht sie die Aktivität der Abwehrzellen, senkt das Risiko für Brust- oder Darmkrebs, verbessert den Zuckerstoffwechsel, stärkt Herz, Gelenke, Muskeln und Skelett

und erhöht die Lebenserwartung – ein echtes physisches Breitbandtherapeutikum also. Interessant ist die Tatsache, dass Bewegung in der Natur noch positiver stimmt als Bewegung im Sportstudio. Erwiesenermaßen bringt Bewegung im Freien eine größere Zunahme an Energie, Vitalität, Freude, Zufriedenheit und positiver Einstellung als in Räumen. Schon fünf Minuten körperliche Aktivität im Grünen verbessern Stimmung und Selbstwertgefühl deutlich. Eine Umgebung mit Wasser erhöht den positiven Effekt von Bewegung im Freien noch zusätzlich.

Die Natur wirkt in jedem Fall als Kraftquelle. Durch bewusstes Eintauchen und achtsame Übungen, z. B. zur Naturwahrnehmung und zum Reflektieren, wird die Wirkung noch verstärkt. Dazu möchte diese Exkursion einladen.

Trutzbayer-Mauern

schmalen Pfad (Riesensteinweg) abbiegen. Diesem Pfad bergab zunächst bis zum ehemaligen **Vorwerk Trutzbayer** folgen. Die Befestigungsanlage gehörte mit dem Trutz-kaiser zu dem Abwehrriegel, mit dem das Durchkommen von feindlichen Truppen verhindert werden sollte. Auch der Trutzbayer wurde 1622 durch Tillys Truppen zerstört. An dem Trutzbayer-Gedenkstein die Treppen nach unten nehmen und dem Pfad weiter steil bergab folgen, bis nach ca. 15 m links ein schmaler Weg abgeht. Dieser führt zu noch erhaltenen Mauerresten des rechteckigen Bauwerks, die zum Teil 1–2 m hoch sind. Den kleinen Abstecher wie-der zurückgehen und dem Pfad weiter bergab folgen.

Nach einer Rechtskurve und Wegkreuzung geht es auf breiterem Weg leicht ansteigend zum **Riesenstein**. Dabei handelt es sich um zwei als Naturdenkmal ausgewiesene riesige Bundsandsteinblöcke im gleichnamigen ehema-ligen Steinbruch (▶ Buntsandstein, Seite 52). Der Sage nach wurden die beiden Steinblöcke von zwei Riesen – Vater und Sohn – vom gegenüberliegenden Heiligen-berg über den Neckar hierher geworfen. Der Vater hatte die Kraftprobe zur Voraussetzung gemacht, dass sein tatendurstiger Sohn mit ihm in die Welt hinaus wandern durfte. Als sein Sohn einen noch größeren Stein treffsicher auf den Felsblock des Vaters warf, erfüllte dieser ihm stolz seine Bitte.

Der Riesenstein-Steinbruch ist ein beliebtes Kletter- und Bouldergebiet. Hier trainierte bereits der Heidelberger Bergsteiger und Alpinist Reinhard Karl, der 1978 als erster Deutscher den Gipfel des Mount Everest erreichte.

Die Sage und die schiere Größe der Felsen machen den Riesenstein zu einem idealen Ort für eine mentale Auftankübung. Dazu entweder den größeren Felsblock vorsichtig über die Treppe erklimmen (Achtung: Oben kann es rutschig sein) oder unter die Schräge setzen. Nach einigen tiefen Atemzügen – gern auch mit geschlossenen Augen – vergegenwärtigen, welche Kraftproben man selbst im Laufe seines Lebens bereits bestanden hat und wie dies möglich wurde, was die eigene Kraft und wertvolle Fähigkeiten ins Bewusstsein ruft. Dadurch können diese in der Gegenwart wieder leichter genutzt werden.

Riesenstein-Felsen

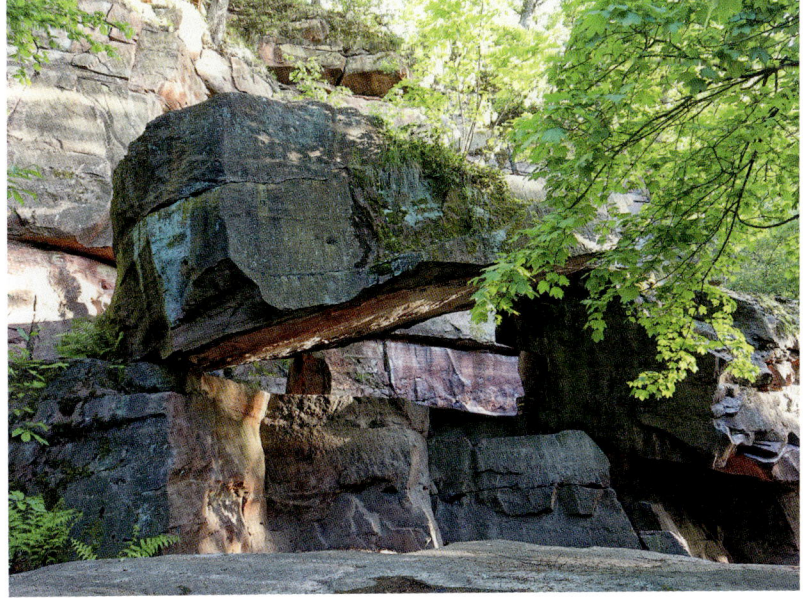

Aussicht von oberhalb des Riesensteins und etwas abseits der Exkursionsroute

Zur Fortsetzung der Exkursion den Weg weiter bergauf gehen. Die Trockensteinmauer zur Rechten wurde 1934 im Rahmen von Notstandsarbeiten zum Todestag des damaligen Reichspräsidenten Paul von Hindenburg errichtet. Dies belegt die Inschrift auf dem in die Mauer eingelassenen Gedenkstein.

An der Einmündung in den Johannes-Hoops-Weg links halten und 100 m die Straße entlanggehen. Bei dem markanten Gebäude mit Turm zur Linken handelt es sich um den Kamin und das Maschinenhaus der ehemaligen Entlüftung des Königstuhltunnels (1906–1913 erbaut, 1971 außer Betrieb genommen). Heute dient es als Wohngebäude.

Direkt nach dem Gelände vom Johannes-Hoops-Weg 8 links die Sandsteintreppen und in Serpentinen durch den Wald zur Klingenteichstraße hinabgehen. Nach 50 m auf der Klingenteichstraße bergab links in den schmalen

Weg abbiegen und dort zum oberen Bereich der Grünanlage Klingenteich gehen. Ein geteerter Weg schlängelt sich nach unten. In der Anlage ergießt sich der etwa 1,5 km lange Klingen(teich)bach – auch „Klingengraben" genannt – in den **Klingenteichfall.** Das kühle Nass fließt über handgemachte Steinformationen in einen kleinen Teich. Die Anfänge der Anlage liegen im 19. Jh. Das lauschige, von alten Bäumen umsäumte Gelände wurde 2009 nach den Plänen des Landschaftsarchitekten Helmut Borst

Klingenteichfall

grundlegend saniert und einladend gestaltet. Besonders farbenprächtig zeigt sich das Gelände im Mai und Juni, wenn Rhododendren und Azaleen blühen. Bänke mit malerischer Aussicht an großzügigen Plattformen laden zum achtsamen Verweilen ein.

Wer intensiv im Hier und Jetzt entspannen und auftanken möchte, kann nacheinander gezielt alle Sinne aktivieren (Sehsinn: Wie viele Grüntöne sind zu sehen? Wie viele andere Farben? – Hörsinn: Welche Geräusche sind natürlichen, welche menschlichen Ursprungs? Was ist das leiseste, was das lauteste Geräusch? – Tastsinn: Wie fühlen sich unterschiedliche Oberflächen an? – Geruchssinn: Was duftet wie? – Geschmackssinn: Wie schmeckt ein langsam verzehrter Snack?).

Unten an der Klingenteichstraße angekommen, diese bergab gehen. Den Gehweg auf der rechten Seite nehmen. Zwischen Haus Nr. 3 und 5 befindet sich der ehemalige **Jüdische Friedhof**. Er wurde von 1701 bis 1876 mit Bestattungen belegt. Dann erhielt die jüdische Gemeinde einen Teil des städtischen Bergfriedhofes für ihre Beisetzungen. Mit dem Bau eines Luftschutzraums 1940 wurden Gelände und Grabsteine verwüstet. In den 1970er-Jahren wurde der Friedhof instand gesetzt. Das schmiedeeiserne Eingangstor ist mit zwei Medaillons mit Sinnbildern verziert. Die Friedenstaube mit dem Palmzweig ist ein Symbol des Lebens, der Arm mit dem Sichelschwert ist ein Zeichen des Todes. Das Tor ist abgeschlossen. Der Schlüssel für eine Besichtigung ist bei der Jüdischen Kultusgemeinde (Häusserstraße 10–12, Tel. 06221 905240) erhältlich.

Unterhalb von Haus Nr. 3 lohnt ein Schlenker durch die kurze Klingentorstraße und das **Klingentor**. Dieses ersetzte um 1650 das um 1600 erbaute Kuhtor als Teil der jüngeren Stadtbefestigung. Die ehemalige Stadtmauer ist in Resten erhalten. Vom Klingentor eröffnet sich der Blick auf die Peterskirche. Sie wurde bereits im 12. Jh. noch vor der Stadtgründung auf dem hochwassersicheren Schwemmkegel des Klingenteichbaches erbaut. Heute zeigt sich die Universitätskirche mit spätgotischen Erweiterungen und Neubauten aus dem 15. Jh. Die Kirche kann von April bis Ende Oktober montags bis samstags von 13–16 Uhr besichtigt werden.

Am Ende der Klingenteichstraße steht links das Gebäude der Klingentorstraße 10. Es wurde Ende des 19. Jh. als Sitz der Studentenverbindung Leonensia erbaut. Die Friedrich-Ebert-Anlage an der Fußgängerampel überqueren und geradeaus, die Treppen hinunter, an der Kirche vorbei bis zur verkehrsberuhigten Straße Plöck gehen und links abbiegen. Die Plöck führt zur Sofienstraße, diese überqueren und geradeaus bis zur Rohrbacher Straße gehen. Dort nach links führt die Straße zum Adenauerplatz.

Am Ausgangspunkt zurückgekehrt lohnt sich ein Blick auf die eigene Befindlichkeit jetzt im Vergleich zum Beginn der Exkursion: Wie entspannt und aufgetankt fühlt man sich? Was hat während der Exkursion besonders dazu beigetragen? Was war gegebenenfalls hinderlich? Wie kann die Natur als Kraftquelle in den privaten und beruflichen Alltag integriert werden?

Quellen

Adenauerplatz → Rhein-Neckar-Wiki

Amtlicher Stadtplan Heidelberg, Maßstab 1 : 15.000, Ausgabe 2014, Stadt Heidelberg, Vermessungsamt

Bernhard, Jakob: Kurpfälzer Sagenborn – alte und neue Sagen aus der rechtsrheinischen Pfalz mit besonderer Berücksichtigung der Heidelberger Gegend sowie der angrenzenden Gebiete des Neckartals, des Odenwaldes und des Kraichgaues, der Bergstraße und der Rheinebene, S. 11, Heidelberger Verlagsanstalt und Druckerei Friedrich Schulze GmbH, Heidelberg (1933)

Brämer, Rainer: Grün tut uns gut – Daten und Fakten zur Renaturierung des Hightech-Menschen, Studien zur Natur-Beziehung in der Hightech-Welt (2008), https://docplayer.org/224101-Gruen-tut-uns-gut-daten-und-fakten-zur-renaturierung-des-hightech-menschen.html

Brämer, Rainer: Kur Natur – Regeneration durch Wandern. In: Dokumentation 1. Gesundheitskongress Wandern „Regeneration durch Natur", S. 9–39, Tourismuszentrale Saarland GmbH (Hg.), Saarbrücken (2008)

Eichler, Horst: Heidelberg – Lernlandschaft südliche Gaisbergscholle. 180 S., Verlag Regionalkultur, Ubstadt-Weiher (2017)

Gans, Carsten, Dienemann, Katja, Hume, Anja und Lorino, André: Arbeitsraum Natur – Handbuch für Coaches, Therapeuten, Trainer und Organisationen, S. 26–41, Springer Fachmedien Wiesbaden GmbH, Wiesbaden (2020)

Löckel, Wolfgang: Verkehrsknotenpunkt Heidelberg, EK-Verlag GmbH, Freiburg im Breisgau (2016)

Mayer, HP: 111 Orte in Heidelberg, die man gesehen haben muss, S. 216, Emons Verlag GmbH, Köln (2018)

Mertens, Melanie (Hrsg.): Denkmaltopographie Bundesrepublik Deutschland. Kulturdenkmale in Baden-Württemberg, Bd. II. 5.1 u. 5.2, Stadtkreis Heidelberg, Jan Thorbecke Verlag, Ostfildern (2013)

Räther, Hansjoachim: Schriftliche Mitteilungen vom 30.06. und 01.07.2021 zum „Wolfshöhlenweg", Heidelberger Geschichtsverein e. V.

Trutzkaiser: https://trutz.hd-phototogo.de/Merz_ruperto_carola.html

Trutzkaiser → Rhein-Neckar-Wiki

6 Altstadt

Geologie in der Altstadt und am Heidelberger Schloss

Dagi Keller, Diplom-Geologin, Geopark-Rangerin

▶ Startpunkt der Streckenwanderung ist am Besucherzentrum des Heidelberger Schlosses. Schlossgraben und Schlossgarten sind das ganze Jahr über erreichbar mit der Heidelberger Bergbahn oder zu Fuß von der Altstadt über den Burgweg bzw. über eine Steintreppe mit etwa 300 Stufen („Kurzer Buckel").

▶ Die Bergbahn fährt von April bis Oktober 9 bis 20 Uhr; von November bis März 9 bis ca. 17 Uhr. Von der Bergbahnstation „Schloss" sind es etwa 5 min zu Fuß zum Besucherzentrum.

▶ Weglänge ca. 3,5 km, Gehzeit ca. 1:30 h mit 94 hm Abstieg. Wegen der Treppe hinunter in den Schlossgraben und des relativ steilen Abstiegs zur Altstadt über den Burgweg ist die Exkursion für Kinderwagen und Rollstuhl nur bedingt geeignet.

▶ Schlosshof, Fasskeller und das Apothekenmuseum sind ganzjährig gebührenpflichtig geöffnet (s. Homepage Schloss Heidelberg). Schlossgarten, Stückgarten und Schlossgraben können jederzeit kostenlos besucht werden.

▶ Endpunkt der Exkursion ist am Eingang zum Kurpfälzischen Museum. Einkehrmöglichkeiten bestehen im Gartencafé des Museums oder in den Straßencafés am nahegelegenen Theaterplatz.

Heidelberger Schloss • Schlossgraben •
▶ Granit • Scheffelterrasse im Schlossgarten • alter Burgweg • Madonnenstatue auf dem Kornmarkt • Pflastersteine am Marktplatz • Alte Brücke mit Hackteufel und Neckar • Bordsteine aus Heidelberger Granit in den Altstadtgassen • Jesuitenkirche mit Weihwasserbecken aus Marmor • Travertin am Eingang der Neuen Uni am Uniplatz • Grabengasse • Peterskirche • Sandgasse • Rapakiwi-Granit und Larvikit an Häuserfassaden in der Fußgängerzone

Zu Fuß unterwegs

Rechts vom Schlosshofeingang führt eine kurze Sandsteintreppe hinab in den Schlossgraben. Am Fuße der alten Schlossmauern befindet sich auf der rechten Seite eine gewaltige vorwiegend rötlich gefärbte Felswand, die als **Geotop des Jahres 2016** vom Geo-Naturpark Bergstraße-Odenwald und der Stadt Heidelberg ausgezeichnet wurde. Die-

(© OpenStreetMap-Mitwirkende)

*Schlossgraben-
aufschluss*

ser Schlossgrabenaufschluss ist ein besonderes Fenster in die Erdgeschichte. Im unteren Bereich sieht man im Fels eine leicht schräg verlaufende ausgehöhlte Kluft, eine sog. **Schichtlücke**. Das sind Zonen, in denen einige Mio. Jahre in der geologischen Schichtenabfolge aufgrund von Erosion oder tektonischer Ereignisse fehlen. Die Kluft hier ist die Grenze zwischen dem darüberliegenden Sedimentgestein, dem Arkosesandstein des Rotliegenden aus der Permzeit (abgelagert vor etwa 290 Mio. Jahren), und dem darunterliegenden Heidelberger Granit, entstanden vor etwa 340 Mio. Jahren aus Magma (Näheres im Text weiter unten). Hier fehlen etwa 40–50 Mio. Jahre in der Schichtenfolge. Geologen interpretieren diese horizontale Kluft auch als ehemalige Permische Landoberfläche. Man kann sich vereinfacht vorstellen, das Gestein oberhalb der Schichtlücke sei noch nicht entstanden, und man stünde zur Permzeit auf dem über 340 Mio. Jahre alten Granit als Untergrund.

Dieses **Grundgebirge aus Granit** hat seine Wurzeln im Karbon vor etwa 360–300 Mio. Jahren. Die Kontinente waren damals ganz anders über die Erde verteilt. Zu jener Zeit stand hier das sog. Variskische Gebirge so hoch wie heute die Alpen.

Granit

(Verena Dunckelmann)

Granit ist ein magmatisches Gestein und entsteht durch die langsame Kristallisation von Gesteinsschmelzen (Magma) innerhalb der Erdkruste unterhalb der Erdoberfläche. Somit haben die Kristalle der Minerale ausreichend Zeit zu wachsen. Deshalb wird er auch als Tiefengestein oder Plutonit bezeichnet.

Granite entstehen nicht aus Material des Erdmantels, sondern aus aufgeschmolzenem Gestein der unteren Erdkruste. Dieses ist silikatreich und tendenziell heller. Der erstarrte Granit gelangt durch Bewegungen in der Erdkruste und Abtragung des darüberliegenden Gesteins an die Erdoberfläche.

Granit ist ein weit verbreitetes Gestein. 44 % aller kontinentalen Tiefengesteine sind Granite. Die Minerale Feldspat, Quarz und Glimmer sind die Hauptbestandteile des Granits. Die hellen, rosa oder weißen Minerale sind Feldspäte. Die Quarzkristalle erscheinen grau bis milchig weiß. Das Glimmermineral Biotit zeigt sich als schwarze, glänzende Kristalle, während der Glimmer Muskovit eine weiß silbrig glänzende Färbung aufweist. Die Mineralkristalle sind richtungslos-körniger verteilt. Die Größe der Kristalle schwankt zwischen einem und mehreren Millimetern; sie sind für gewöhnlich mit bloßem Auge zu erkennen. Nebenbestandteile im Granit können Minerale wie z. B. Zirkon, Apatit, Titanit oder auch Magnetit sein. Durch sie können Granite in verschiedenen Färbungen vorkommen (hellgrau, bläulich, rötlich oder gelblich).

Die hohe Verwitterungsbeständigkeit von Granit ist ein Grund für die vielfältigen Verwendungsmöglichkeiten des Natursteins z. B. als Rand- und Pflasterstein oder Tischplatte.

Die einstigen Bauherren des Schlosses wussten anscheinend sehr wohl, dass an dieser Stelle der ideale Ort war für eine Burg. Sie errichteten das Heidelberger Schloss auf dem harten Granit, wo es über die Jahrhunderte bis heute immer noch fest am Hang des Königstuhls steht. Auch die Anfang des 17. Jh. entstandenen drei großen Terrassenebenen im Schlossgarten mussten mühevoll in den Granit gehauen und geebnet werden.

Das Heidelberger Schloss selbst besteht aus Buntsandstein. Die unterschiedlichen Bauherren des Schlosses bedienten sich zu unterschiedlichen Zeiten an **Buntsandsteinbrüchen**, die direkt vor der Haustür lagen. Heute befinden sich an diesen Stellen u. a. der Schloss-Wolfsbrunnenweg und der Graimbergweg in einer Linie direkt oberhalb des Schlosses. Auf einer alten Abbildung aus dem Jahr 1570 erkennt man, dass auf halber Höhe des Gaisbergs eine Abbruchkante dargestellt ist, was vermuten lässt, dass sich zu dieser Zeit auch dort ein Buntsandsteinbruch befand. Heute wird diese Felsabbruchkante „Riesenstein"

genannt und ist als Kletterwand ausgewiesen. In den ver-
bauten Sandsteinquadern des Schlosses und der Schloss-
mauer sind heute noch die **Zangenbohrlöcher** von damals
zu erkennen. Anhand von Zangen konnte man die schweren Sandsteinquader leichter aufeinandersetzen.

Zurück auf dem Exkursionsweg steht im Schlossgraben
auf der rechten Seite ein kleines Häuschen, das in der
Barockzeit unter Kurfürst Carl Theodor als kühles **Quell-
häuschen** errichtet wurde, direkt gegenüber einem mittlerweile nicht mehr genutzten Forellenbecken. Der harte
Granit bietet die ideale Plattform für zahlreiche Quellen,
die an vielen Stellen am Hang des Königstuhls auf natürlichem Wege aus der Grenze zwischen dem weichen
Buntsandstein und dem harten, undurchlässigen Granit
zutage treten.

*Ausblick von
der Scheffel-
terrasse*

Von hier führt die Exkursion weiter in Richtung **Scheffelterrasse** im nördlichsten Teil des Schlossgartens, von wo aus sich ein fantastischer Blick über Neckar, Berge, Schloss, die Altstadt und den Rheingraben bis hinüber in die Pfalz bietet (▶ Oberrheinische Tiefebene, Seite 130). Die Altstadtgebäude bestehen vorwiegend auch aus Buntsandstein. Ein genauer Blick hinunter zum Neckar zwischen Alter Brücke links und Schleuse rechts lässt an den meisten Tagen eine schlängelnde Turbulenz im Wasser erkennen, die ebenfalls geologischen Ursprungs ist und den furchteinflößenden Namen **Hackteufel** trägt. Über ihn wird später noch genauer berichtet. Jetzt geht es hinunter in die Altstadt entlang des Burgweges, der mit altem Kopfstein aus Buntsandstein gepflastert ist.

Unten in der Altstadt am Kornmarkt angekommen, sieht man auf der Mitte des Platzes einen barocken Brunnen mit einer Statue. Es handelt sich um die „**Kornmarkt-Madonna**", deren Sockel aus einem farbigen Wechselspiel von gelbem Keupersandstein und rotem Sandstein besteht (▶ Buntsandstein, Seite 52). Der Keupersandstein ist ebenfalls ein Ablagerungsgestein. Er wurde vor ca. 230–200 Mio. Jahren im geologischen Zeitalter der Trias abgelagert, wurde vor Jahrmillionen in der Umgebung von Heidelberg allerdings schon aberodiert und ist im Geo-Naturpark Bergstraße-Odenwald nur noch im Kraichgau und in Südhessen bei Heppenheim verbreitet. Die Madonna-Statue wurde 1718 von katholischen Neubürgern mit Unterstützung des Kurfürsten Carl Philipp aufgestellt, um den reformierten Mitbürgern gegenüber den eigenen Glauben zu demonstrieren.

Am Rand der Hauptstraße sind quadratische kleine Marmorsteine aus schneeweißem **Marmor** im Boden eingelassen und markieren den Umriss einer alten Kapelle. Sie gehörte zum Heiliggeist-Spital, einem mittelalterlichen Krankenhaus, das vom 13. bis zum 16. Jh. den Raum des heutigen Kornmarktes und des Prinz-Carl-Gebäudes einnahm.

Auf dem Marktplatz vor dem Rathauseingang sind verschiedenfarbige Pflastersteine erkennbar: der herkömmliche Granit, der Basalt und der Rhyolith, auch Quarzporphyr genannt (▶ Quarzporphyr, Seite 24). Alle drei Gesteine sind vulkanischen Ursprungs. Der **Basalt** ist erkennbar an seiner tiefschwarzen Farbe. Er ist so feinkörnig, dass seine Minerale mit bloßem Auge nicht zu erkennen sind. Das Gestein entstand aus sehr schnell erkalteter vulkanischer Lava, seine Kristalle hatten somit keine Zeit zu wachsen. Der **Rhyolith** ist erkennbar an seiner rötlich-violetten Farbe mit kleinen Einsprenglingen. Die Minerale der Granitpflastersteine sind wesentlich grobkörniger und mit bloßem Auge gut erkennbar.

Kornmarkt-Madonna

Rechts bzw. an der Nordseite der Heiliggeistkirche vorbei zweigt auf der Höhe der Mitte des Kirchenschiffes die **Steingasse** in Richtung Neckar ab. Sie war die erste Gasse im Mittelalter, die mit Steinen gepflastert wurde, und ist heute eine der beliebtesten Gassen der Altstadt. Vorbei am Steine- und Fossilienladen auf der linken Seite führt sie direkt auf die **Alte Brücke** zu. Diese wurde 1788 von Kurfürst Carl Theodor in Auftrag gegeben, um nach einem fürchterlichen Hochwasser im Jahr 1784 die dadurch zum achten Mal zerstörte einstige Holzbrücke zu ersetzen. Auf dem ersten Brückenpfeiler sind noch Hochwassermarken bis zu über 9 m Höhe dokumentiert. Auf dem höchsten Punkt der Alten Brücke angekommen, sind bei gutem Wetter im Westen weit hinten am Horizont wieder die Pfälzer Berge zu erkennen, im Osten, flussaufwärts, die Neckarschleuse und die davor verlaufenden,

Hackteufel bei Hochwasser kaum wahrzunehmenden Turbulenzen in der Neckarströmung. Die Wirbel im Wasser entstehen aufgrund eines ehemaligen im Neckarwasser hochragenden Granitfelsens, der **Hackteufel** genannt wurde. Dieser befand sich zum Ärgernis vieler Schiffskapitäne von außen unsichtbar im Fluss etwa zwischen der heutigen Schleuse und der Alten Brücke, bis er dann endlich im Zuge der Begradigung des Neckars in den 20er-Jahren des letzten Jh. mühevoll abgeschliffen wurde. Ein Restaurant in der Steingasse und eine Uferstraße sind bis heute noch nach diesem Felsen benannt.

Nun geht es zurück, erst rechts und dann gleich links in die Haspelgasse zur **Heiliggeistkirche**, an deren Fassade vereinzelt noch „Brezelmarken" aus dem Mittelalter und Barockzeit zu sehen sind. Am besten sind diese abends zu sehen, wenn die Türen der kleinen Verkaufsläden rund um die Kirche geschlossen sind. Früher durften hier nur privilegierte Handwerker ihre Produkte verkaufen wie z. B. der Bäcker, der den Kurfürsten auch mit Brezeln belieferte, ein typisches Produkt dieser Region.

Das **Straßennetz der Heidelberger Altstadt** geht übrigens zurück auf das Mittelalter. Straßen, die parallel zum Neckar verlaufen, werden „Straße" genannt, die senkrecht zum Neckar verlaufenden „Gassen". Und es ist gut zu wissen: *„Alle Gassen führen runter zum Neckar"* wie man in Heidelberg sagt – so kann man sich eigentlich in der Altstadt nie verlaufen.

Die Exkursion führt weiter die Fußgängerzone auf der Hauptstraße überquerend durch die Floringasse zur Ingrimstraße, die parallel zur Hauptstraße verläuft. Das geologisch Interessante an der Ingrimstraße und ihrer Seitengassen sind die **Bordsteine** aus Heidelberger Granit, die fast überall in der Altstadt zu sehen sind. Dieser unterscheidet sich vom herkömmlichen Granit durch die auffällig groß gewachsenen Feldspatminerale in den Farben hellrosa bis weiß. Die Feldspäte dieses Tiefengesteins hatten genügend Zeit, im Erdinnern in einer Tiefe von ca. 15 km zu erkalten und langsam auszukristallisieren. Weitere Vorkommen gibt es in der Region um Schriesheim und Weinheim.

Nun führt der Weg zunächst nach rechts durch die Ingrimstraße und dann in einem rechts-links Schlenker zum Eingang der **Jesuitenkirche**. Dort im Foyer steht in Form eines Kubus ein Weihwasserbecken aus schneeweißem Laaser-Marmor aus Südtirol, gestaltet 2001 vom deutschen Bildhauer Rolf Bodenseh. Bei diesem speziellen Marmor war das Ausgangsgestein ein sehr heller Kalkstein. Wenn das Gestein durch tektonische Kräfte noch einmal ins Erdinnere gezogen wird, wird es sehr hohen Temperaturen und Drucken ausgesetzt. Daraus bildet sich dann ein neues sog. Umwandlungs-

Heidelberger Granit

Travertin an der Neuen Universität

gestein (Metamorphit), das man sehr gut anhand seiner typischen farbigen Schlieren erkennt. Der Kalkstein wird so zum Marmor, der Granit zum Gneis und der Tonstein zu Schiefer.

Eine Ecke weiter führt der Weg Richtung Westen zum Universitätsplatz, an dessen linker Seite ein weißes Gebäude steht, die **Neue Universität**. Deren Sockel- und Fensterverkleidungen bestehen aus italienischem **Travertin.** Dies ist ein Kalkstein, der durch Ausfällung von Kalk aus Süßwasser entsteht. Er ist durchsetzt mit kleinen Hohlräumen, in denen sich einst Pflanzenreste befanden.

Um die Ecke der Neuen Universität, links Richtung Berg entlang der Grabengasse, an deren Stelle die bis zum Ende des 14. Jh. bestehende mittelalterliche Stadtmauer mit einem Graben davor verlief, führt die Exkursion zur Universitätsbibliothek, deren Eingang sich rechts direkt gegenüber der ältesten Kirche der Altstadt befindet, der **Peterskirche**. Diese wurde auf einem natürlich entstandenen Sandschwemmhügel in der Altstadt hochwassergeschützt errichtet und wurde bereits im Jahr 1196 zusammen mit dem Namen Heidelberg urkundlich erwähnt. Die Sandgasse nun hinuntergehen bis zur Fußgängerzone in der Hauptstraße. Der Name dieser Gasse deutet auf Sande aus der Quartärzeit hin, die einst von Wind und Wasser vom Schwemmhügel an der Peterskirche hinunter Richtung Neckar gespült wurden.

Rapakiwi-Granit

In der Heidelberger Hauptstraße befindet sich mit 1,6 km Deutschlands längste Fußgängerzone. Direkt gegenüber dem Ausgang der

Sandgasse auf die Hauptstraße bestehen beim Haus Nr. 117 die Sockelverkleidung und die Treppenstufe aus sog. **Rapakiwi-Granit** aus Nordeuropa, dessen Feldspäte diesmal nicht eckig erscheinen, sondern groß und rundlich. Die rundlichen Einsprenglinge haben eine rosarote Farbe.

Ebenfalls auf der rechten Seite der Hauptstraße befindet sich ca. 200 m weiter nach Osten jenseits des Theaterplatzes ein Ladengeschäft im Haus Nr. 101. Die Sockel- und Fassadenverkleidung rund um dessen Schaufenster

Larvikit

besteht aus wunderschön geschliffenem und poliertem **Larvikit** (Labradorit), ein sehr dunkler, fast schwarzer grobkörniger Plutonit. Ins Auge fallen sofort die perlmuttartig und blau schillernden Minerale. Larvikite werden wegen ihres interessanten blauen Schimmers häufig als Wandverkleidungen oder Tischplatten verwendet. Der Name stammt von der Stadt Larvik in Norwegen. Es sind aus abgekühltem Magma entstandene Tiefengesteine (Plutonite). Das einfallende Licht bricht sich in den Feldspäten und führt zu blau schimmernden Effekten.

Hier endet die Exkursion. Empfohlen sei noch ein Besuch des Kurpfälzischen Museums.

Quellen

Dietl, Carlo: Exkursionsführer zur „Geo in the city"-Wanderung durch Heidelberg im Rahmen des „Geotops 2005", 1–7 S., Geo-Naturpark Bergstraße-Odenwald (2005)

Keller, Dagmar: Bruchhafte Deformationen und Alterationsprodukte entlang der Rheingrabenstörungszone nördlich von Heidelberg, Geol.-Paläontologisches Institut der Ruprecht-Karls-Universität Heidelberg (2000)

Schweizer, Volker und Kraatz, Reinhard: Kraichgau und südlicher Odenwald, Sammlung geologischer Führer, 72. 203 S. (1982)

7 Königstuhl

Mühlsteine, Gedenksteine und das Felsenmeer

Marion Huthmann, Diplom-Biologin

▶ Startpunkt der Streckenwanderung ist auf der Aussichtsplattform unterhalb des Hotels auf dem Heidelberger Königstuhl, zu erreichen mit der Bergbahn bis zur Station „Königstuhl" oder der rnv-Buslinie 39.

▶ Weglänge ca. 6,5 km, Gehzeit ca. 2:30 h mit 80 hm Anstieg und 466 hm Abstieg. Exkursion nicht geeignet für Kinderwagen und Rollstuhl. Eine Taschenlampe zum Ausleuchten der Felslücken am Felsenmeer sollte mitgenommen werden. Bitte nicht auf die Felsblöcke klettern.

▶ Endpunkt der Exkursion ist die Gaststätte „Zum Wolfsbrunnen" an der Wolfsbrunnen-Anlage (für Einkehr Öffnungszeiten beachten). Abfahrt von dort mit rnv-Buslinien 33 oder 35 ab Bushaltestelle „Jägerhaus" oder mit der S-Bahn ab Station „Schlierbach-Ziegelhausen".

Zu Fuß unterwegs

Von der Aussichtsplattform oberhalb der Station „Königstuhl" der Bergbahn hat man einen wunderbaren Blick über Heidelberg in die Rheinebene bis hinüber zum Pfälzerwald (▶ Oberrheinische Tiefebene, Seite 130).

Schon ab 1870 begann die Planung der **Heidelberger Bergbahn**. Der untere Teil mit der Station „Schloss" bis zur Molkenkur wurde 1888–1890 gebaut und 1961 sowie nochmals 2003–2005 erneuert. Der obere Abschnitt bis zum Königstuhl (1905–1907) ist ein Kulturdenkmal und in diesem ursprünglichen Zustand als Standseilbahn die älteste in Baden-Württemberg. Sie ist insgesamt 1491 m lang und überwindet 436 hm. An der Bergbahnstation lohnt es sich, einen Blick in den Maschinenraum der historischen Bergbahn zu werfen.

Wanderung durch den Heidelberger Stadtwald • Gedenksteine • Eisweiher • Wegweisersteine • Prof. Friedrich Eisenlohr • Mühlsteine • Königstuhlstein • ▶ Eiszeiten und Solifluktion • Naturschutzgebiet Felsenmeer • ▶ Grenzsteine • historische Wolfsbrunnen-Anlage mit Museum

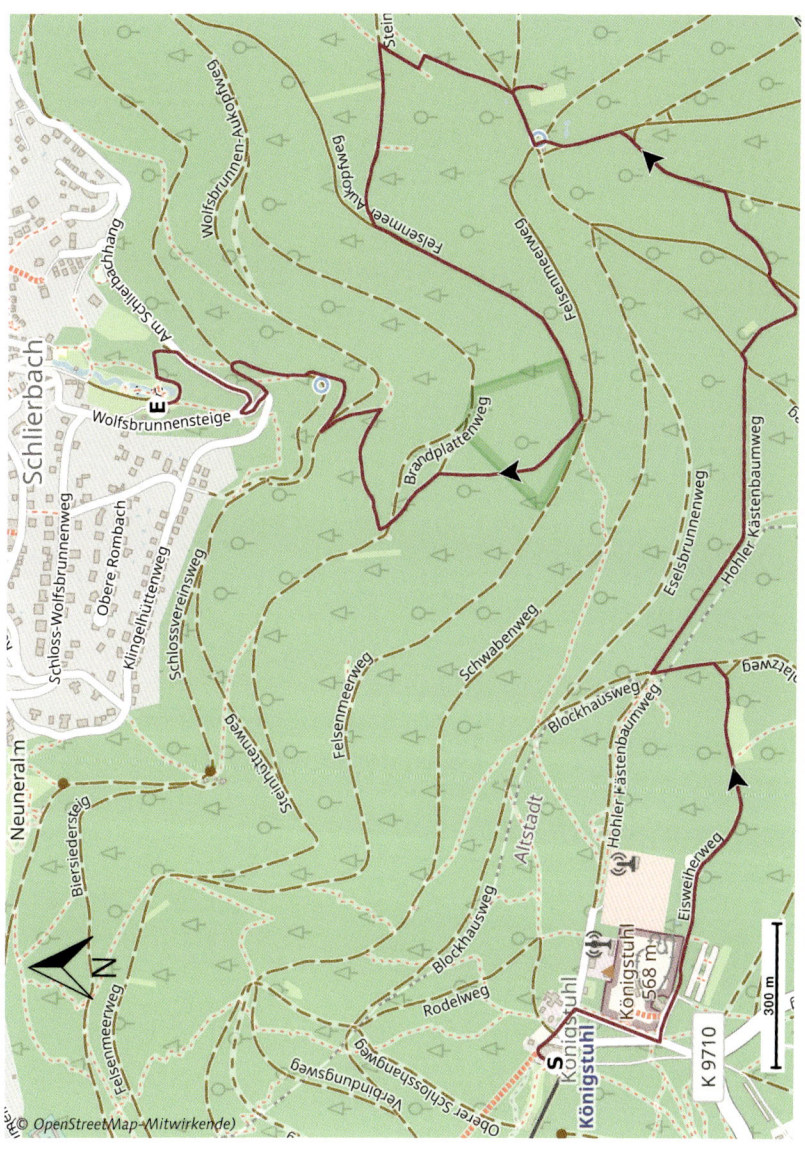

© OpenStreetMap-Mitwirkende

In der Mitte der Aussichtsplattform befindet sich eine Panoramatafel. Bei näherer Betrachtung entdeckt man als Unterlage einen großen **Mühlstein**, der aus dem umliegenden Wald hier platziert wurde.

Blockhalde im Felsenmeer

Die Exkursion geht den schmalen Weg hoch Richtung Parkplatz zum beschilderten allgemeinen Treffpunkt. Auf dem Weg dahin befindet sich auf der rechten Seite ein Hinweisschild zum **Gedenkstein** an die Völkerschlacht bei Leipzig 1813. Im Oktober 1814 fand hier auf dem Gipfel eine große Feier zum Jahrestag des Sieges über Napoleon statt. Der Platz wurde „renoviert", so nannte man damals die Neugestaltung durch das Anpflanzen von Alleebäumen.

Mehrere Hinweistafeln mit Wandervorschlägen und allgemeinen Erklärungen zeigen den Beginn des Walderlebnispfades und der Via Naturae. Der zu verfolgende Exkursionsweg wendet sich nach rechts am Märchenparadies vorbei und dann links auf den Eisweiherweg.

Nach einem Kilometer steht auf der linken Seite eine Hinweistafel zu den dort früher genutzten historischen **Eisweihern**. Die Höhenlage mit den niedrigeren Temperaturen im Winter und den hohen Niederschlägen führte zum Gefrieren des Wassers in den Weihern. Das Eis wurde von Heidelberger Gasthäusern zur Kühlung und Lagerung von Lebensmitteln genutzt. Schon im 19. Jh.

waren die Weiher auf historischen Karten verzeichnet, aber bis vor ein paar Jahren nur als zugewachsene Mulden im Wald zu erahnen. 2017 wurde ein Weiher als Biotop zum Schutz der Artenvielfalt restauriert, an dem anderen befindet sich ein Rastplatz mit einer Hinweistafel.

Der Weg führt nun an einer Waldwiese vorbei zur nächsten Weggabelung und weiter nach links auf den Nasenplatzweg. An der nächsten Kreuzung steht ein für den Heidelberger Stadtwald typischer **Wegweiserstein**, der die Richtung zum Hohlen Kästenbaum weist.

Brunnen am Hohlen Kästenbaum

Nach ca. 1 km zweigt ein kleiner Pfad, der Eisenlohrweg, nach rechts ab. Hier steht im Wald versteckt ein Gedenkstein, der an **Prof. Friedrich Eisenlohr** erinnert, Zoologe an der Universität Heidelberg und 1887 Vorsitzender der Waldkommission der Stadt (▶ Wegweisersteine, Seite 112).

Der Eisenlohrweg quert die nächste Waldstraße, den Schwabenweg. Es geht weiter bis auf den Erlenbrunnenweg, an dem sich linker Hand der Erlenbrunnen befindet. Dann weiter links in Richtung Hohler Kästenbaum, einem sehr schönen Rastplatz. Im Zuge der Walderschließung wurden ab 1899 hier eine Schutzhütte gebaut und im Wald gefundene Mühlsteine abgelegt.

Die Umgebung der Stadt Heidelberg ist geprägt vom Buntsandstein des Odenwaldes (▶ Buntsandstein, Seite 52). Besonders hart und deshalb für die Herstellung der **Mühlsteine** speziell geeignet ist eine Sandsteinschicht, die nachträglich verkieselt ist und am Königstuhl zwischen 350–450 hm gefunden wird, der Obere Geröllhorizont. Rund um Heidelberg gab es früher viele Mühlen und von 1839 an waren zahlreiche Steinhauer, Steinbrecher und Mühlsteinmacher in Schlierbach gemeldet. Die Mühlsteine wurden entweder in Heidelberg verwendet oder mit Schiffen in entferntere Mühlen transportiert. Direkt am Auerhahnenkopf befand sich eine Steinhauerei zur Herstellung von Mühlsteinen, deshalb liegen hier im Wald verstreut zahlreiche Reststücke und Mühlsteine in unterschiedlichen Bearbeitungszuständen. Das Behauen der Rohlinge fand direkt vor Ort im

▶ Eiszeiten und Solifluktion

Die Erde befindet sich in einem Erdzeitalter, das vor etwa 2,6 Mio. Jahren begann und Quartär genannt wird, mit Warm- und Kaltperioden im Wechsel von ca. 100.000 Jahren. Zeugen der letzten Kaltphase, bei der es zu einer starken Ausbildung von Gletschern in den Gebirgen und der polaren Eisschilde kam, sind Moränen und Findlinge.

Auch die letzte „Jungeiszeit", die vor ca. 12.000 Jahren endete, zeichnete sich durch wechselnde Wärme- und Kälteperioden aus. Die Entstehung der Felsenmeere fand während solcher Phasen statt. Dabei gefror der Boden und eine verstärkte Frostverwitterung der Gesteine fand statt. Die oberflächennahen Schichten wurden durch Eisbildung gesprengt und in Blöcke zerlegt. In den Warmphasen taute der Boden auf und verwandelte sich in einen Schlammstrom nach unten, dem sog. Bodenfließen (Solifluktion). Die Steinblöcke rutschten darauf ab, sammelten sich an weniger steilen Hangabschnitten und stapelten sich im Laufe der Zeit übereinander. Das Erdmaterial wurde weiter ausgespült und so entstanden Blockhalden vorwiegend an den Nordhängen, da dort mangels Sonneneinstrahlung der Boden nicht abtrocknete und somit stärker durchfeuchtet war.

Wald statt. Oft wurden erst im Zuge der Bearbeitung oder beim Abtransport Risse entdeckt oder Steine zerbrachen. Zahlreiche Mühlsteine wurden im Laufe der Jahre in die Grillhütten integriert oder zur Erneuerung von Brunnenanlagen verwendet.

Moose und Flechten im Felsenmeer

Nach einer Rast bei der Hütte geht der Weg nach rechts weiter auf den Auerhahnenkopf-Ringweg. Nach 200 m führt ein kleiner Abstecher zu einer Waldwiese und einer geschlossenen Forsthütte. Davor befindet sich ein zu einem laufenden Brunnen umfunktionierter Mühlstein. Den Weg nun ein Stück zurückgehen bis auf den Auerhahnenkopf-Ringweg und dann schräg links in das Ochsenwegele hinein, das von dem Schlierbacher Ortsteil Aue hier herauf führt. Auf dieser Abzweigung liegt ein großer Sandsteinblock mit einem grünen Kreuz. Nun geht es bergab bis zu einem Hinweisstein auf der linken Seite. Dieser weist den Weg zu einem der ältesten Gedenksteine des Stadtwaldes, dem **Königstuhlstein**. Auf einer alten Forstkarte von 1812 hatte dieser Stein die Form

▶ Grenzsteine

Aufgrund der zersplitterten Herrschaftsgebiete und der Auflösung gemeinschaftlich genutzten Waldes (Allmend) gegen Ende des 17. Jh. kam es zur Setzung der heute noch vorhandenen Grenzsteine. Inzwischen als Kleindenkmäler ausgewiesen, haben sie ihre eigentliche Funktion verloren, aber spiegeln immer noch die damaligen Zuteilungen des Waldes wider. Sie bestehen meist aus einheimischem Buntsandstein. Es sind die Wappen oder Initialen der jeweiligen Besitzer und Gemeinden sowie die Jahreszahl der Steinsetzung und eine Nummerierung eingemeißelt. Auf der Oberseite ist oft eine Linie oder ein Winkel eingeschlagen, die den Grenzverlauf oder eine Richtungsänderung anzeigen.

Die Grenzsteinlegung war ein offizieller Akt, bei der der Verlauf der Grenze beurkundet wurde. Beteiligt waren sieben Feldgeschworene von der Gemeinde, ein Repräsentant des Grundherrn, ein Landvermesser und der Förster. Damit der Grenzstein später nicht unerlaubt versetzt wurde, hat man damals sog. „geheime Zeugen" unter die Steine gelegt und deren Anordnung in versiegelten Dokumenten niedergeschrieben. Bei den „Zeugen" handelte es sich anfangs um Steine, Eierschalen und Haare, später waren es speziell dafür angefertigte Tontäfelchen und Bleiplättchen.

Die Gebietsreform vor den napoleonischen Kriegen war der Grund, warum viele Gemarkungssteine im Stadtkreis Heidelberg die Jahreszahlen 1790–1793 tragen. Der herrschaftliche Wald ist durch die Wittelsbacher Raute und CP (ChurPfalz) auf der Seite gekennzeichnet. Auf

eines Thronsessels mit steiler Rückenlehne und war 4 m hoch. Leider wurde er im vorigen Jahrhundert von Mühlsteinmachern zerkleinert und ist jetzt nur noch ein flacher Felsblock.

Grenzsteine im Stadtwald

der gegenüberliegenden Seite befindet sich das Symbol der Gemeinde. In Grenzsteine, die gemeinschaftlich genutzte Flächen und Wege anzeigten, wurde ein A (Allmend) eingemeißelt.

Noch ein paar Meter geht es bergab bis auf den Steineichenweg, dort links weiter bis zum Felsenmeer-Aukopfweg; nun links ca. 700 m bergauf bis zum Einstieg in das Felsenmeer.

Flechten

Das **Felsenmeer** ist seit 1956 als Naturschutzgebiet (▶ Landschafts- und Naturschutz, Seite 167) ausgewiesen, weil sich aufgrund der geologischen Bedingungen eine besondere naturnahe flechten- und moosreiche Pflanzengesellschaft gebildet hat. Die flächenmäßig ausgedehnten Blockhalden mit den zerklüfteten und kantigen Buntsandsteinfelsen sind lichtoffene Standorte. Die Blöcke sind hier am steilen Hang so dicht aufgestapelt, dass sich kaum Erdmaterial ansammeln kann, um einen Bewuchs zu ermöglichen. Deshalb sind diese Blockfelder nur an einigen Stellen mit Moorbirken und Ebereschen bewachsen, die aufgrund des Nährstoffmangels meist krüppelwüchsig sind. In den Randbereichen kommen noch Esskastanien, Kiefern, Traubeneichen und Bergahorn vor.

Auf den Felsen und Bäumen wachsen zahlreiche Flechten, die mit Moosen vergesellschaftet sind. Neben Bartflechten in den Bäumen und verschiedenen Arten von Rentierflechten fallen besonders die unterschiedlichen Säulenflechten mit roten und braunen Fruchtkörpern auf. An einigen Stellen leuchten die unterschiedlichsten Schwefelflechten in gelben Farbtönen. Wenn das Licht einer Taschenlampe zwischen die Höhlungen der Felsblöcke fällt, kann es zu einer Reflektion durch das dort vorkommende seltene Leuchtmoos kommen. Zwischen den bemoosten Steinen wachsen bei etwas mehr Humusanreicherung Heidelbeeren und Tüpfelfarne. An einigen versteckten Stellen kam bis vor einigen Jahren noch der Bärlapp vor, ein uraltes Relikt einer früher weit verbreiteten Pflanzenfamilie der Steinkohlewälder, und der Hautfarn, der in einer kleinen, kaum sichtbaren Gestalt zwischen den Felsblöcken lebt. Da dieses Gebiet nicht forstwirtschaftlich genutzt wird, konnte es seinen

Wege- und Ortsnamen

Aukopfweg ▶ Der Aukopf ist Teil des Walddistrikts oberhalb der Schlierbacher Aue. Das Aukopfhäuschen ist eines der ältesten Bauwerke im Stadtwald und steht auf 313 m Höhe.

Eselsbrunnen/Eselspfad ▶ Auf dem Pfad sollen früher Esel das Getreide aus dem Kraichgau über den Kohlhof zu den Schlierbacher Mühlen hinunter und das Mehl dann wieder hinauf getragen haben.

Hohler Kästenbaum ▶ Käste = Esskastanie, vielleicht schon von den Römern in diese Gegend eingeführt. Immer, wenn ein Kästenbaum abgestorben war, wurde als Wahrzeichen an derselben Stelle ein neuer gepflanzt.

Königstuhl ▶ In der Forstkarte von 1812 wurde diejenige Waldabteilung, in der der Königstuhlstein liegt, als Königstuhl bezeichnet. Später wurde der Name Königstuhl auf den gesamten Berg übertragen.

Nasenplatzweg ▶ „Nasser Platz".

Ochsenwegele ▶ Kürzester Weg zwischen der Aukopfhütte und dem Wegkreuz Hohler Kästenbaum, früher wahrscheinlich mit Ochsenkarren befahren.

Schlierbach ▶ „Slier" bedeutet Lehm oder Schlamm. Name des Baches war früher auch Mühlbach, da er die Räder von fünf Mühlen antrieb.

Winterhöhlenweg ▶ Wahrscheinlich von Winterhalde, ein gegen Norden abfallender Berghang.

urwaldähnlichen Charakter bewahren und sich natürlich entwickeln.

Der gepflasterte Weg durch das Felsenmeer endet weiter unten auf dem Brandplattenweg und setzt sich als schmaler Pfad talabwärts fort. Die Wegweisersteine zeigen den Weg zum Wolfsbrunnen, der sich in mehreren Kurven durch den Wald bis zum Parkplatz schlängelt.

Gasthaus Wolfsbrunnen

Nun geht es an der Straße entlang der scharfen Rechtskurve folgend. Nach ca. 50 m führt ein kleiner Pfad links in den Wald. Direkt an der Straße steht ein **Grenzstein** mit den Buchstaben HW (Heidelberger Wald), der Jahreszahl 1790 und der Pfälzer Raute. Hier wurde 1790 der Wald der Stadt Heidelberg gegen den Wald der wittelsbacher Landesherren abgegrenzt.

Der kleine Pfad endet direkt an der historischen **Wolfsbrunnen-Anlage** und dem Gasthaus Wolfsbrunnen. Nach einer alten Sage wohnte die heidnische Seherin Jetta auf dem Jettenbühl, dem Standort des heutigen Schlosses, und wurde an der Quelle des Wolfsbrunnens von Wölfen zerrissen.

Schon 1465 wurde hier das Haus des „Wolfskreisers" urkundlich erwähnt. Der Wolfskreiser war ein Wolfsjäger im Auftrag der Pfalzgrafen. Bei Hofjagden wurde das

Wild mit Seilen, an denen Lappen hingen, „eingekreist" und an der Flucht gehindert. Daher der Ausdruck „*durch die Lappen gehen*".

Um 1550 ließ Kurfürst Friedrich II. hier ein Lust- und Jagdhaus errichten. Es war damals üblich, über den heutigen Schloss-Wolfsbrunnenweg in dieses kühle Tal zu wandern oder dort zu jagen. Die Quellen des Schlierbaches wurden in einem Brunnenhaus gefasst und ein kleiner Garten angelegt. Später wurden von Friedrich V. mehrere Wasserbecken errichtet, um Forellen für die Hofküche zu züchten.

1796 wurde das Haus zum ersten Mal als Gasthaus erwähnt, 1822 im Schweizer Stil umgebaut und die Außenanlagen verändert. Im Lauf der Jahre besuchten zahlreiche Prominente dieses Gasthaus (u. a. der russische Zar und andere Könige und Königinnen). Besonders in der Romantik entdeckten zahlreiche Dichter diesen Ort. Heute stehen die gesamte Anlage und das Haus unter Denkmalschutz. Weitere Informationen, besonders zur Jetta-Sage, erhält man im Museumszimmer im zweiten Stock.

Quellen

Bezirksstelle für Naturschutz und Landespflege Karlsruhe: Die Naturschutzgebiete im Regierungsbezirk Karlsruhe. 654 S., Verlag Jan Thorbecke, Stuttgart (2000)

Derwein, Herbert: Die Flurnamen von Heidelberg. 536 S., Carl Winters Universitätsbuchhandlung, Heidelberg (1940)

Klumb, Gerd: Mühlsteinhauer-Kunst vergangener Jahrhunderte – Kulturdenkmale im Heidelberger Stadtwald. 155 S., Eigenverlag, Heidelberg (2004)

Koenemann, Friedrich-Franz: Wanderungen durch Heidelberger Wälder, 133 S., Universitätsverlag C. Winter – Heidelberger Verlagsanstalt, Heidelberg (1990)

Schwaier, Arnold: Mündliche Auskünfte

Schweizer, Volker et al.: Sammlung Geologischer Führer, 203 S., Verlag Gebrüder Borntraeger, Berlin (1982)

Wegweistersteine: Wanderungen zu 100 Zielen im Heidelberger Stadtwald. Flyer bzw. PDF-Datei des Landschafts- und Forstamt der Stadt Heidelberg. Internetsucheingabe: Heidelberg+Wegweistersteine

8 Gaisberg

Arboreten, Exoten im Stadtwald

Friederike Niestroj, Diplom-Biologin

▶ Startpunkt des Rundweges ist an der rnv-Haltestelle „Bierhelderhof ", zu erreichen mit den rnv-Buslinien 39 und 39a.

▶ Weglänge ca. 5,2 km, Gehzeit ca. 2:30 h mit jeweils 134 hm An- und Abstieg überwiegend auf Waldwegen und geteerten Straßen. Die Exkursion ist für Kinderwagen und Rollstuhl geeignet.

▶ Möglichkeit zur Einkehr besteht in der Gaststätte „Bierhelderhof ".

Zu Fuß unterwegs

Von der Bushaltestelle aus führt die Exkursion über die Straße zum Eingang in das **Arboretum II**. Vorbei an der Waldpark-Hütte und der Informationstafel gelangt man zu einem Holztor, dem sog. **Torii**, was auf Japanisch „Über-gang" bedeutet. Durchschreitet man das Torii, gelangt man vom „Weltlichen zum Sakralen". Die Zeichen WA im Inneren des Holzstammes bedeuten Harmonie + Einklang.

Die Geschichte der Arboreten I und II im Heidelberger Stadtwald begann mit der Anpflanzung fremdländischer Exoten im Jahre 1876. Das günstige Klima Heidelbergs und das Interesse der naturwissenschaftlichen Fakultäten der Universität Heidelberg wirkten sich positiv auf den Anbau von Exoten aus.

Arboretum II am Speyererhof • Arboretum I an der Sprunghöhe • Blütenpracht im Heidelberger Stadt-wald • Rhododendronanlage • Ehrenfriedhof • Waldpiraten-Camp • Bierhelderhof

Im Arboretum II am Speyerer-hof haben vor allem Baumarten aus dem nahen und fernen Os-ten eine neue Heimat gefunden. Zu Beginn säumen zwei **Ginkgo-bäume** auf der linken Seite den Wanderweg. Kleine Täfelchen auf Sandsteinen informieren über

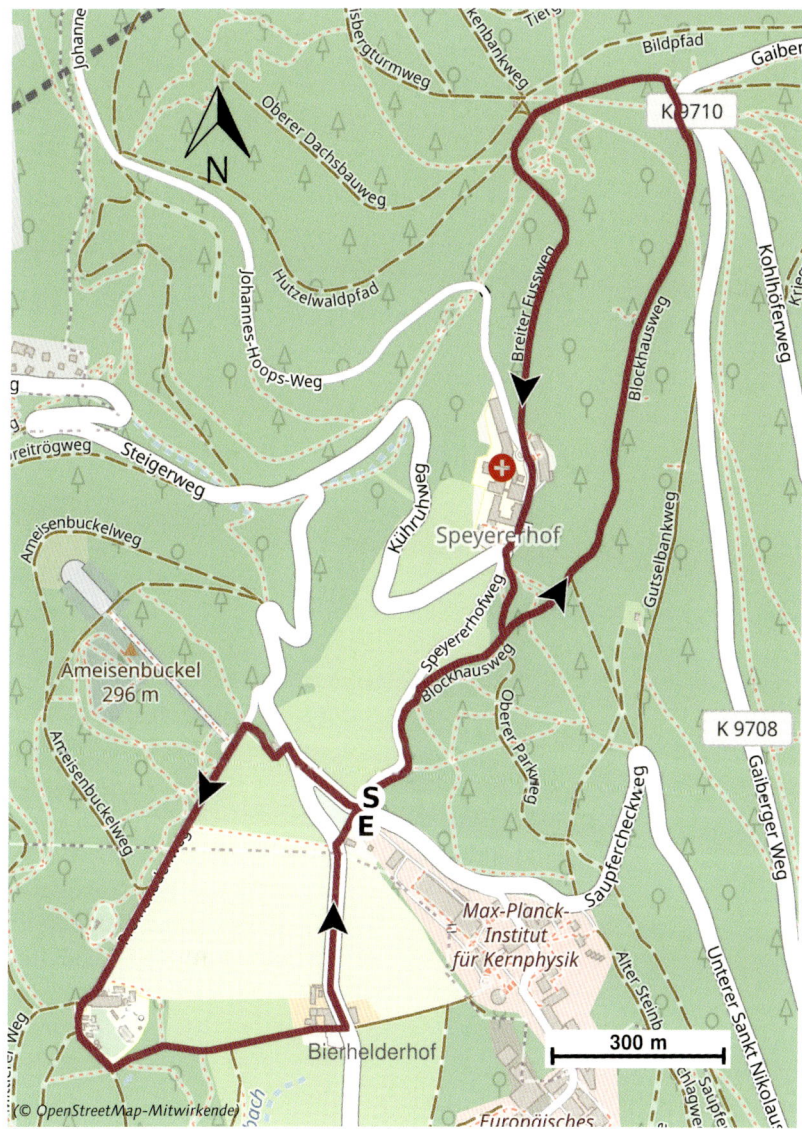

Standort, Pflanzjahr sowie den deutschen und botanischen Artnamen der jeweiligen fremdländischen Baumart.

Ca. 200 m nach dem Torii stehen am Waldeingang gleich links zwei **Japanische Schirmtannen**, die bevorzugt auf steilen und feuchten Hängen wachsen. In ih-

Torii rer Heimat sind die Standorte der Schirmtanne nur auf wenige Gebiete beschränkt. Läuft man ein paar Meter weiter, richtet sich der Blick nach rechts in eine kleine Lichtung. Ganz nach fernöstlicher Art wurde hier ein Meditationsplatz geschaffen, der zur Ruhe und Besinnung einlädt (▶ Natur als Kraftquelle, Seite 68). Zwei ausladende **Magnolienbäume**, die in ihrer japanischen Heimat bis zu 30 m hoch werden können, unterstreichen die Stimmung der kleinen exotischen Oase.

Der Weg führt zwischen Straße und Wald bis zur Bank mit dem Steinwolf. Hier steht ein 1960 gepflanzter **Katsura-** oder **Kuchenbaum**, der zu den größten Laubbäumen Japans und Chinas gehört. Nicht nur die auffällige Rosafärbung der Blätter im Frühling, sondern vor allem der lebkuchenartige Duft im Herbst, den die Blätter verströmen, macht diesen Baum so besonders. Von hier aus geht es den breiten Blockhausweg knapp 1 km hoch zum Parkplatz am Blockhaus, dem Ausgangspunkt für die Wanderung durch das Arboretum I.

Direkt am Blockhaus beginnt der Waldweg. Passiert man die Schranke, stößt man auf das Schild „**Blütenpracht im**

Heidelberger Stadtwald." Ein Aussichtspunkt gibt den Blick frei auf die vermutlich zu Beginn des 20. Jh. angepflanzten **Rhododendronsträucher**, die jedes Jahr ab Anfang Mai bis Juni in den prächtigsten Farben blühen.

Steil bergab führt der Weg zur Sprunghöhe und damit zum Zentrum des **Arboretums I**. Es entstand hier ab 1876 durch Aufforstung einer ehemaligen Saatschule. Durch das Anlegen der Arboreten sollte eine parkartige Landschaft im stadtnahen Wald geschaffen werden.

Der kunstvolle Totempfahl vor dem Tisch mit dem Weißkopfseeadler und die mächtigen **Mammutbäume,** die auf einem kleinen Rundweg besonders gut zu sehen sind, erinnern an die Lebenswelt indianischer Kulturen in Nordamerika. Der größte Mammutbaum im Arboretum I ist kreisartig von Holzstämmen umgeben. Der Kreis soll den Durchmesser des gigantisch großen Mammutbaums „General-Sherman-Tree" darstellen, der in der Sierra Nevada in Kalifornien steht. Mit einem Stammumfang von ca. 31 m, einem Durchmesser von ca. 11 m und einer Höhe von fast 84 m gehört er mit seinen 2200 Jahren zu den ältesten Lebewesen unserer Erde.

Seit 1980 sind die Arboreten Teil des Naturparks Neckartal-Odenwald. Im Jahre 2006 wurde nach Neugestaltung die Anlage von der damaligen Oberbürgermeisterin Beate Weber unter dem Motto „**Welt der Bäume – Bäume der Welt**" eingeweiht. Im Jahre 2015 ließ sich die Stadt Heidelberg als erste Waldbesitzerin in Deutschland ihre gesamte Waldfläche als Erholungswald zertifizieren. Somit gehören das Arboretum I „Nordamerikanische Impressionen an der Sprunghöhe" und das Arboretum II „Asiatische Besinnlichkeit am Speyererhof" zur multikulturellen Waldgesellschaft, deren Pflege und Erhalt Bestandteil des städtischen Walderholungskonzeptes ist.

Holzweltkugel

Rhododendron-anlage

Nach der Besichtigung der Mammutbäume lädt rechts vom Hauptweg die Sprunghöhenhütte zum Verweilen und Picknicken ein. Zurück auf dem asphaltierten Hauptweg geht es nun erst rechts ein paar Meter den Weg entlang bis links ein Abzweig abwärts Richtung Speyererhof und Arboretum II führt.

An der Klinik Speyererhof geht es links und dann ca. 200 m an der Straße entlang. Kurz vor der Bushaltestelle „Kühruhweg" biegt der Wanderweg an dem Symbol „Welt der Bäume" in den Wald ein. Wirft man an dieser Stelle nochmal den Blick zurück, sind deutlich die Mammutbäume zu erkennen, die den Wald überragen. Hier jetzt dem gelben B folgen, bis der Ausgangspunkt der Wanderung durch das Arboretum II, die Waldpark-Hütte,

Mammutbäume

erreicht ist. Direkt gegenüber der Abzweigung Speyerer-hofweg führt ein Durchgang zwischen dem ehemaligen Forsthaus und dem Kinderspielplatz auf den Bierhelder-hofweg. Auf dem Gehweg rechts weiter bis zum Vereins-heim des Heidelberger Bayern- und Gebirgstrachtenver-ein laufen und dort vorbei, um auf den Promenadenweg zu gelangen. Dieses kleine im 19. Jh. gebaute Sandstein-haus war ein sog. Wachhaus und diente zur Bewachung der auf dem Gaisberg um 1870 befindlichen **Schießan-lagen** der kaiserlichen Truppen.

Im nördlichen Teil des Promenadenwegs führt eine Treppe zu der Gedenk- und Ruhestätte **Ehrenfriedhof**. Mit einer Fläche von ca. 17,2 ha befindet sich dieser in etwa 290 m Höhe. 1935 fertiggestellt, wurden die Gefal-

lenen des Ersten Weltkrieges vom damaligen Soldaten-
friedhof im Neuenheimer Feld hierher überführt. Bei der
Erweiterung 1953 fand die Umbettung der Gefallenen des
Zweiten Weltkrieges vom Bergfriedhof statt. Wer mag,
kann zu der Plattform mit den Grabsteinen vorlaufen.
Der ca. 300 m lange gekieste Weg endet bei den Ge-
denk- und Grabsteinen mit Aussicht in die Rheinebene.
Der eigentliche Exkursionsweg verläuft jedoch weiter auf
dem Promenadenweg am Wald entlang.

Am **Waldpiraten-Camp** findet man interessante Hinweistafeln, die über Grenze und Grenzeiche zwischen Heidelberg und Rohrbach sowie über das Waldpiraten-Camp
informieren. Seit 2003 gibt es die Einrichtung am Rande des
Heidelberger Stadtwaldes; sie wurde unter der Schirmherr-
schaft des Bundespräsidenten als eines von 365 herausra-
genden Projekten in Deutschland ausgewählt.

Nun geht es am Zaun des Camps entlang bis zu dessen Ende, wo der Weg links zum **Bierhelderhof** führt,
der zwischen saftigen Weiden und Feldern liegt. Zu jeder
Jahreszeit weiden rund um den Hof Angusrinder, die aus

eigener Zucht des Hofes stammen. Heute wie damals ist der Bierhelderhof ein beliebtes Ausflugslokal. Schon 1442 wurde das Gehöft „ze Berhelden" urkundlich erwähnt.

Wiese am Bierhelderhof

Nach dem Bierhelderhof geht links der Gehweg ca. 300 m an der Straße bergauf bis zum ehemaligen Forsthaus, das sich auf der Straßenseite gegenüber befindet. Zwischen dem Spielplatz am Bierhelderhofweg und Forsthaus führt ein kleiner Weg zur nächsten Straße. Auf deren gegenüberliegender Seite befindet sich die Waldpark-Hütte und direkt daneben die Bushaltestelle „Bierhelderhof" Richtung Bismarckplatz.

Quellen

Die Arboreten im Heidelberger Stadtwald, Broschüre der Stadt Heidelberg, Landschafts- und Forstamt

Eichler, Horst: Heidelberg – Lernlandschaft südliche Gaisberg-scholle. 180 S., Verlag Regionalkultur, Ubstadt-Weiher (2017)

Hayn, Hans-Ulrich und Kühn, Rudolf: Die ausländischen Baum-arten im Heidelberger Stadtwald – Führer durch die Arboreten I und II, 77 S., Verlag Brigitte Guderjahn, Heidelberg (1988)

9 Königstuhl

Posseltslust und Kohlhof, das grüne Dach Heidelbergs

Peter Reiter, Biologielaborant, Pilzsachverständiger DGfM

▶ Startpunkt des Rundweges ist am Parkplatz beim Posseltslustturm, rnv-Buslinie 39, Haltestelle „Heidelberg-Posseltslust". Die Buslinie fährt vom Bismarckplatz nur einmal in der Stunde.

▶ Weglänge ca. 2,8 km, Gehzeit ca. 1:30 h mit jeweils 90 hm An- und Abstieg. Der Exkursionsweg ist teilweise unbefestigt und daher für Kinderwagen und Rollstuhl nicht geeignet.

▶ Der Posseltslust-Turm ist freitags, samstags, sonntags und feiertags tagsüber bis vor Einbruch der Dunkelheit geöffnet.

Zu Fuß unterwegs

Der Weg führt vom Parkplatz über die Straße auf den Posseltsweg. Gleich zu Beginn der Wanderung besticht eine gute Rundumsicht auf die Streuobstwiese, auf die Kohlhofsiedlung und auf das Gelände der Reha-Klinik für Innere Medizin, Heidelberg-Königstuhl.

Der **Kohlhof** ist eine der vielen Rodungsinseln im Odenwald. Nach den Wirren des Pfälzischen Erbfolgekrieges und der Zerstörung Heidelbergs wurden hier Menschen sesshaft. Es waren Köhler, Bauern und Glaubensflüchtlinge, die im Jahr 1706 begannen den Wald zu roden, um Kohle zu produzieren. Für den Wiederaufbau der Stadt wurden Bauholz und Brennstoff benötigt. Die Flächen wurden besiedelt, Äcker angelegt und landwirtschaftlich genutzt. Im Jahr 1748 waren bereits 58 ha Wald gerodet, 1789 waren hier etwa 15 Familien ansässig. Die Kernflächen der Siedlung wurden ummauert, um sich gegen Wildschäden zu schützen. Seit Mitte des 19. Jh. vollzog sich ein Strukturwandel.

Kohlhof • Streuobstwiesen • Hilsbacher Tor • Esskastanien • Blockhalden • ▶ Wegweisersteine • Kreativwerkstatt • Kohlhofsiedlung • Aussichtsturm Posseltslust

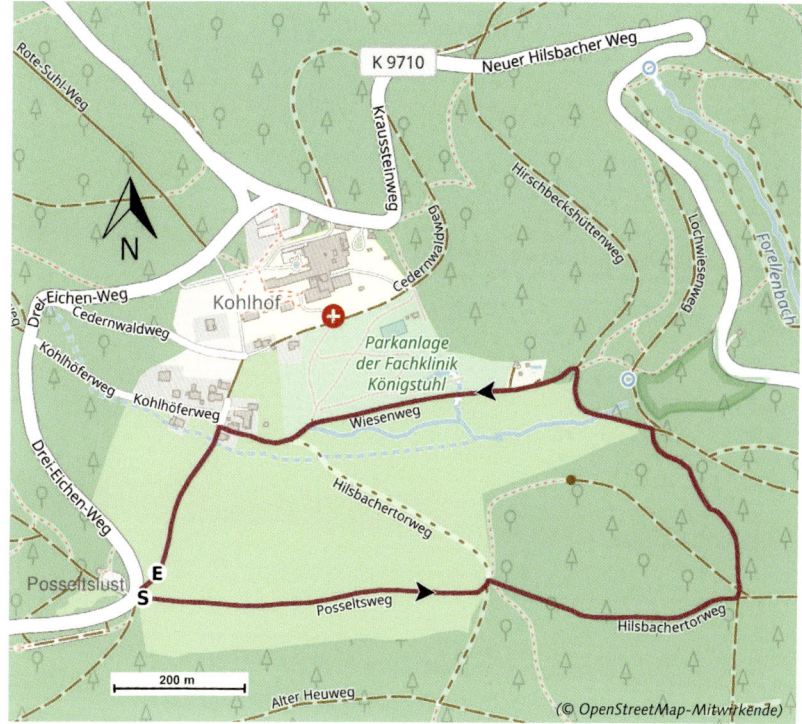

(© OpenStreetMap-Mitwirkende)

Die Landwirtschaft wurde zunehmend aufgegeben und die brachliegenden Flächen zur Verbesserung der wirtschaftlichen Situation der Bewohner in Streuobstwiesen umgewandelt. Alte Gehöfte und Scheunen wurden abgerissen und neue Wohnhäuser und Villen errichtet.

Der Posseltsweg, ein Feldweg, der mit einem grünen Kreuz gekennzeichnet ist, führt in östlicher Richtung über die Streuobstwiese bis zum Waldrand. Unter dem Begriff **Streuobstwiese** versteht man eine Wiese mit verstreut stehenden hochstämmigen Obstbäumen. Meist stehen junge und ältere Bäume unterschiedlicher Obstsorten beisammen. Früher wurden die Wiesen oft mehrfach vielfältig genutzt. Das Obst wurde geerntet und die Wiese zur Heugewinnung gemäht oder beweidet. Durch ihre einzigartige Struktur, eine Mischung aus Wiese und Baumbestand, dienen sie als Lebensraum für viele seltene

Kohlhof-siedlung

und bedrohte Tier- und Pflanzenarten. Streuobstwiesen gehören zu den Biotopen mit der größten Artenvielfalt in unserer Kulturlandschaft, leider gehören sie aber auch zu den gefährdetsten Biotoptypen Deutschlands (Rote Liste 1-2). Sie erfordern bei der Ernte und Pflege einen deutlich höheren Arbeitseinsatz als Spalierobst, Halbstämme oder Buschbäume, die heute in Monokulturen gepflanzt werden. Zudem kommen Hochstämme in der Regel erst nach 10 Jahren in den Vollertrag, Niederstämme bereits im dritten oder fünften Jahr nach ihrer Pflanzung.

Die Wiese zeigt ihr schönstes Kleid im Frühling, wenn die Apfel- und Birnbäume in zartem Weiß und Rosa blühen und die Blüten des Löwenzahns die Wiese mit einem gelben Teppich überziehen. Einige Wochen später folgt der gelbe Blütenflor des Scharfen Hahnenfußes. In der zweiten Sommerhälfte dominieren neben den Hochgräsern die weißen Dolden des Wiesen-Bärenklaus und die roten Blütenstände des Sauerampfers. Diese Arten wachsen nur auf stark mit Nährstoffen angereicherten Böden. Die Nährstoffe liefern hier die Hinterlassenschaften der

Angusrinder, die vom Frühling bis zum Spätherbst die *Hilsbacher Tor*
Kohlhofwiese abweiden. Auf den Verwitterungsböden
des Sandsteins (▶ Buntsandstein, Seite 52) am Rande
der Fettwiese wachsen typische Magerkeitszeiger, also
Pflanzen, die einen sauren, nährstoffarmen Boden bevor-
zugen, wie das Gemeine Ruchgras, Feld-Hainsimse und
Rundblättrige Glockenblume. Die Obstwiese wurde noch
bis Mitte der 1980er-Jahre intensiv bewirtschaftet und
war früher wesentlich größer. Ein Großteil der Flächen
wurde der Reha-Klinik zur Anlage eines Parks zugewiesen
und teilweise mit standortfremden Bäumen bepflanzt.

Am Waldrand trifft der Posseltsweg auf den Hilsbacher
Torweg. Hier stehen noch die Torpfosten des **Hilsbacher
Tors**, welches ein Teil der ehemaligen Umfriedung der
Kohlhofsiedlung war. Durch dieses Tor führte bis zum
Jahr 1903 der einzige Verbindungsweg von Heidelberg
über die Kohlhofwiese nach Hilsbach, heute Waldhilsbach. Der Kohlhof gehörte auch früher zur Stadt Heidelberg. Die Buchstaben HKB auf dem linken Torpfosten
bedeuten vermutlich „Heidelberg-Kohlhof-Bannmeile".

▶ Wegweisersteine　　*(Marion Huthmann)*

Im Heidelberger Stadtwald stehen ca. 780 Wegweisersteine, die nicht nur historische, sondern auch lebendige Kulturdenkmale sind. Zur Gründerzeit um 1880 wollte Heidelberg Kurstadt werden. Das Schloss wurde renoviert, die Bergbahn gebaut und die Bevölkerung zog es in die Natur. Für die Infrastruktur im Wald wurde an einem Konzept des Waldwegenetzes mit Wegweisersteinen gearbeitet, da Holztafeln leicht entfernt und zerstört werden konnten. Eine sog. Waldkommission der Stadt Heidelberg wurde 1879 ins Leben gerufen, zu der einige Stadträte und der Forstamtsleiter gehörten. Prof. Friedrich Eisenlohr war lange Zeit der Vorsitzende. In seiner Amtszeit wurde ein Großteil der Wegweisersteine aufgestellt und nach einem einheitlichen System beschriftet, das bis heute gültig ist. Ein einfacher Pfeil markiert Anfang und Richtung des Weges, ein Doppelpfeil weist den Weg als in beide Richtungen gehender

aus. Wohin der Weg führt, wird durch gefiederte Pfeile angezeigt. Zwischen 2008 und 2016 haben Ehrenamtliche die denkmalgeschützten Steine sorgfältig restauriert und kartiert. Nun ist es möglich, auf der Homepage der Stadt Heidelberg jeden einzelnen Wegweiserstein mit seiner Inschrift zu finden und nach diesem System zu wandern.

Davor steht ein historischer Grenzstein mit einem eingekreisten A und der Jahreszahl 1748. Das A steht für Allmend, was so viel wie „der Allgemeinheit gehörend" bedeutet. Er markiert den gemeinschaftlich genutzten Weg (▶ Grenzsteine, Seite 94). An dieser Stelle hat man einen malerischen Blick auf die Siedlung. Unmittelbar neben dem Tor stehen mächtige **Esskastanien**. Die ursprüngliche Heimat der Kastanie ist vermutlich Kleinasien und der Kaukasus. Seit der Antike ist sie in ganz Südeuropa verbreitet. Es wird angenommen, dass römische Soldaten die Kastanien über die Alpen nach Süddeutschland brachten und dort in ihren Siedlungen kultivierten. So ist es ver-

mutlich auch kein Zufall, dass auf dem Kohlhof Kastanien stehen, denn hier verlief eine bedeutende römische Überlandstraße von Osterburken kommend über Wiesenbach, Gaiberg, den Steigerweg hinunter nach Heidelberg bis nach Ladenburg.

Drehwuchs eines Obstbaums

Ein Wegweiser aus Sandstein zeigt den weiteren Verlauf der Wanderung dem Hilsbacher Torweg folgend in den Buchenwald hinein Richtung Waldhilsbach. Der alte Weg ist teilweise mit historischen Pflastersteinen belegt. Nach etwa 300 m zweigen nach einem kurzen Gefälle zwei Wege nach links ab. Der Rundweg folgt dem unteren Weg, dem Holzhauerpfad. Dieser schmale Weg, der leicht bergab geht, ist mit einem grünen Kreuz auf weißem Grund gekennzeichnet.

Er windet sich als beschaulicher Pfad durch den Buchenwald. Der Untergrund besteht aus mächtigen Buntsandsteinschichten, die aber in diesem Gebiet selten aufgeschlossen, also nicht direkt sichtbar sind. Auffällig sind aber die unzähligen Sandsteinblöcke, die hier den Waldboden auf eine Weise bedecken, als seien sie den Hang hinunter abgekippt worden. Diese **Blockhalden** werden auch als Felsenmeere bezeichnet und sind das Ergebnis eiszeitlicher Prozesse (▶ Eiszeiten und Solifluktion, Seite 92). An der nächsten Abzweigung weiter dem Hauptweg nach links folgen. Dort steht ein Wegweiserstein, der die Richtung zum Wiesenweg angibt.

Der Weg führt nun wieder zur Kohlhofwiese. Hier plätschert ein kleines Bächlein durch das Wiesental. Es entspringt aus eine Quellmulde des Michelsbrunnens. Rund um den Kohlhof befinden sich mehrere Quellen, die sehr weiches, kalk- und mineralarmes Wasser liefern (▶ Quellen und Wasserversorgung, Seite 31). Am Ufersaum der Quellmulde wachsen Hochstaudenfluren mit Mädesüß, Blutweiderich und Sumpfdotterblumen.

Rechts am Ende des Waldes befindet sich der außerschulische Lernort Kreativwerkstadt von „Natürlich Heidelberg" mit einem Rastplatz und einem Insektenhotel. Weiter bergauf zeigt sich auf der rechten Seite der Park der Reha-Klinik. Die Höhendifferenz zur Rheinebene beträgt etwa 300 Meter und macht sich deutlich bemerkbar. Die Temperaturen sind um 3 °C niedriger als in der Stadt, die Vegetationszeit ist wesentlich kürzer. Die Obstbaumblüte ist im Mittel drei Wochen später als im Tal. Während es im Sommer in der Heidelberger Altstadt oft unerträglich heiß und schwül ist, kann man auf dem Kohlhof gut durchatmen und die Sommerfrische genießen. Der Reiz dieser Landschaft, die gute Luft und die Nähe zur Altstadt waren wohl Beweggründe zum Bau eines mondänen Kurhotels (1890) und dessen Umbau zur heutigen Reha-Klinik für Herz- und Kreislauferkrankungen.

Der Wiesenweg führt nun weiter zur Kohlhofsiedlung. Die Siedlung besteht heute aus zehn Wohnhäusern und einigen Scheunen. Das erste Gebäude auf der rechten Seite, das Haus Kohlhof Nr. 5, steht auf der ältesten Siedlungsstelle. Hier stand ursprünglich der „Busenbronner

Hof". Der Hof wurde schon früh als Schule für die Kohl-
hofkinder und seit etwa 1840 als Gasthaus genutzt. Nach
der Eröffnung des Kurhotels wurde der Hof zum „Alten
Kohlhof" umbenannt. Der Gasthof mit dem bezaubern-
den Biergarten, welcher einen weiten Blick auf die Obstwiese bietet, war viele Jahrzehnte Treffpunkt der Kohl-
höfer, Anlaufpunkt für Wanderer und Erholungssuchende
sowie Einkehrmöglichkeit für Rodler und Skifahrer. Viele
bekannte Schriftsteller und Schauspieler waren Gast im
Alten Kohlhof, darunter Hilde Domin und der Nobel-
preisträger Günter Grass. Seit 2017 befindet sich in den
Räumlichkeiten ein Gourmet-Restaurant.

Das Anwesen Kohlhof Nr. 3 gegenüber dem Restaurant
wurde im 18. Jh. erbaut und gehört somit ebenso zu den
ältesten Gebäuden der Siedlung. Das ursprüngliche Bau-
ernhaus wurde später als Forsthaus genutzt, außerdem
war es einige Jahre vom Gasthof Kohlhof angemietet, um
Gästen eine Übernachtungsmöglichkeit zu bieten. In den
1990er-Jahren fanden hier viele kulturelle Veranstaltun-
gen statt. Heute ist in diesem Gebäude eine Heilprakti-
kerschule untergebracht.

Nach dem Zweiten Weltkrieg ließen sich auch Intel-
lektuelle und Künstler auf dem Kohlhof nieder, darunter *Alter Kohlhof*

Hütte am ehemaligen Skilift

der Maler und Bildhauer Pieter Sohl. Er lebte bis zu seinem Tod im Dezember 2018 im Anwesen Kohlhof Nr. 7.

Die Exkursion geht nun als Trampelpfad hinauf zur „Skiwiese". Der Einstieg ist gegenüber dem Restaurant links und geht am Haus Nr. 13 vorbei. Mit der Grundsteinlegung eines Aussichtsturms auf dem Königstuhl (1832), dem Bau der Bergbahn im Jahr 1889 und der Eröffnung des Kurhotels stand auch der touristischen Erschließung dieses Gebietes nichts mehr im Wege. Die Heidelberger Bürger entdeckten den Kohlhof als Ausflugsziel und Naherholungsgebiet. Nach dem Ersten Weltkrieg entwickelte sich die Kohlhofwiese zur **Ski- und Rodelwiese**. Der Heidelberger Turnverein gründete 1928 eine eigene Skiabteilung. Es wurden Langlaufloipen und Skipisten angelegt, im Jahr 1948 wurde sogar eine Sprungschanze gebaut. Noch heute ist diese Wiese die bekannteste Rodelwiese der Heidelberger.

Oben angelangt, wird der Start- und Endpunkt des Rundwegs erreicht. Am Waldrand hinter dem Parkplatz steht die **Posseltslust**, gestiftet von Louis Posselt, einem Heidelberger Pharmazieprofessor und Stadtrat; nach seinem Ableben wurde das Sandsteingebäude im Stil der

Obstbäume am Kohlhof

*Posseltslust-
turm*

Frührenaissance im Jahr 1881 erbaut. Durch eine Arka-
denhalle und über eine Wendeltreppe wird eine kleine
Terrasse sowie der 15 m hohe Aussichtsturm erreicht. Hier
bietet sich ein wunderschöner Ausblick über den Kohlhof, den Kleinen Odenwald und den Kraichgau.

Quellen

Bezirksstelle für Naturschutz und Landespflege Karlsruhe: Die
    Naturschutzgebiete im Regierungsbezirk Karlsruhe. 654 S.,
    Verlag Jan Thorbecke, Stuttgart (2000)
Hassler, Michael, Hassler, Dieter und Alberti, Jürgen: Obst-
    wiesen im Kraichgau, Verlag Regionalkultur, Ubstadt-Weiher
    (2004)
Kohlhof (Heidelberg) → Wikipedia
Landesdenkmalpflege Baden-Württemberg: Denkmaltopogra-
    phie, Bundesrepublik Deutschland, Band II.5.2 Stadtkreis
    Heidelberg, Kulturdenkmale in Baden-Württemberg, Heidel-
    berg (2013)
Land- und Forstamt Stadt Heidelberg, Flyer: Wegweisersteine,
    Wanderungen zu 100 Zielen im Heidelberger Stadtwald
Sebald, Oskar, Seybold, Siegmund und Philippi, Georg: Die
    Farn- und Blütenpflanzen Baden-Württembergs Band 1, Ver-
    lag Eugen Ulmer, Stuttgart (1993)
Stein, Georg (Hrsg.): Die Insel im Wald – 300 Jahre Heidelber-
    ger Kohlhof, Verlag Palmyra, Heidelberg (2006)

10 Rohrbach

Erlebniswanderweg Wein und Kultur, BNE vor Ort

Dr. Jakob von Au, Gymnasiallehrer
(Geographie, Biologie, Sport)

▶ Mit dem rnv-Bus (27, 29, 33) oder der Straßenbahn (Linie 23, 24) bis zur Haltestelle „Rohrbach Süd" fahren. Von dort dem Weg ca. 300 m in die Weinberge hinauf folgen bis zu den Geopark-Übersichtstafeln. Diese markieren den Einstiegspunkt „Soldatenweg" in den Erlebniswanderwegs „Wein und Kultur" und gleichzeitig den Startpunkt der Exkursion.

▶ Weglänge ca. 2,3 km, Gehzeit ca. 1:30 h mit 61 hm An- und Abstieg. Exkursion ist für geländegängige Kinderwagen und Rollstuhl geeignet.

Zu Fuß unterwegs

Seit seiner Eröffnung im Jahr 2013 wurde der **Erlebniswanderweg** schrittweise erweitert und umfasst heute ein Wegenetz mit 27 Informationstafeln zu Themen wie der Geschichte des Weinbaus, Streuobstwiesen oder Wildkräutern. Durch die Verknüpfung verschiedener Themenfelder und durch die vielseitige Kulturlandschaft bietet der Erlebniswanderweg eine hervorragende Möglichkeit für Bildung für nachhaltige Entwicklung (BNE) vor Ort.

Dem Erlebniswanderweg von den Übersichtstafeln 200 m dem Blütenweg, der mit einem gelben B gekennzeichnet ist, in südlicher Richtung folgen. Linkerhand wird auf einer Tafel über integrierten Pflanzenschutz im Weinbau informiert.

Erlebniswanderweg „Wein und Kultur" •
▶ Bildung für nachhaltige Entwicklung (BNE) • Pflanzenschutz im Weinbau • Wetterbeobachtung • Klima • Mikroklima • Hohlwege • Löss • Muschelkalksteinbruch • Rheinebene

Das Thema **Pflanzenschutz** bietet einen guten Anknüpfungspunkt, um sich im Sinne von BNE die Perspektivenvielfalt und Auswirkungen im traditionellen Weinbau bewusst zu machen. Aus ökonomischer Perspektive müssten Fungizide gespritzt wer-

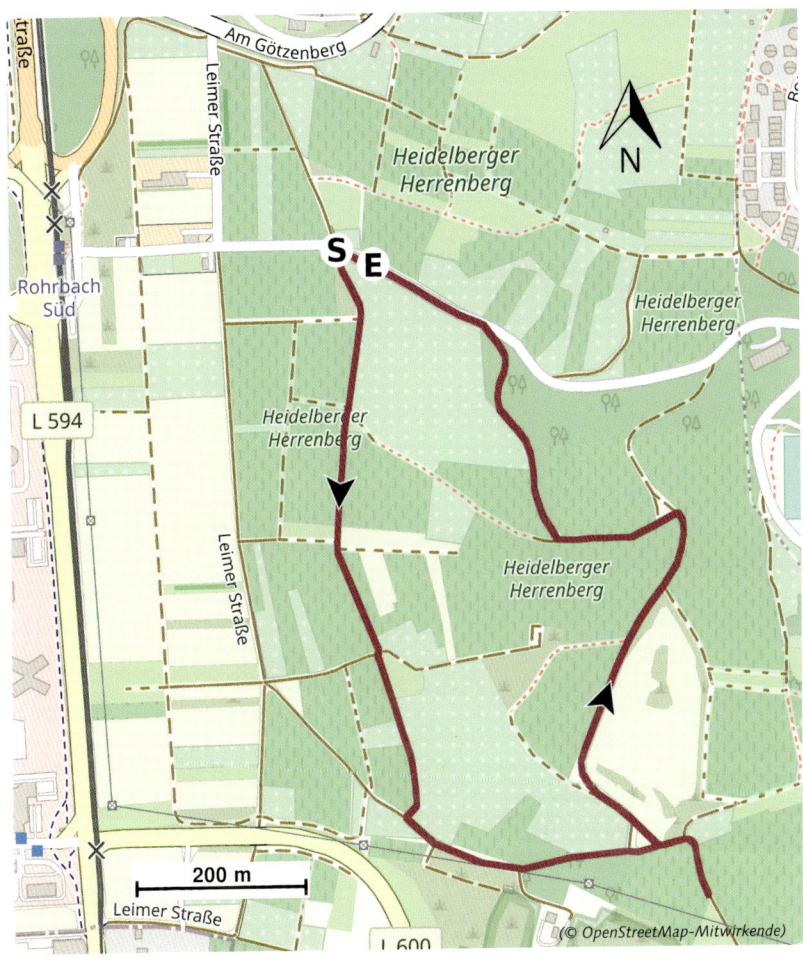

(© OpenStreetMap-Mitwirkende)

den, um die anfälligen Weinreben vor Pilzkrankheiten zu schützen und um einen hohen Ertrag zu sichern. Der Bodenstreifen unter den Weinreben müsste mehrmals im Jahr mit Herbiziden behandelt werden, um Wildkräuter zu vernichten, die mit den Reben um Wasser und Nährsalze konkurrieren. Aus ökologischer Perspektive hingegen sollte auf diese Eingriffe verzichtet werden, weil dabei auch seltene Tier-, Pflanzen- und Pilzarten vernichtet werden. Spritzmittel könnten außerdem in das Grundwasser gelangen.

▶ Bildung für nachhaltige Entwicklung (BNE)

Was muss man wissen, was muss man verstehen und wie müsste man handeln, um auch das 21. Jh. lebenswert für alle und überall zu gestalten? Ausgehend von diesen Fragen unterzeichneten im Jahr 2015 insgesamt 193 Staaten die Agenda 2030 für nachhaltige Entwicklung.

BNE-Grafik [Quelle: Bundesregierung]

Die Agenda 2030 beschreibt 17 Ziele für nachhaltige Entwicklung (z. B. kein Hunger, saubere Energie), die bis zum Jahr 2030 erreicht werden sollen. Unter „nachhaltiger Entwicklung" wird dabei eine Entwicklung verstan-

Auf der Gaisbergscholle wird der Großteil der Rebfläche nach dem Leitbild des integrierten Pflanzenschutzes bewirtschaftet. Es stellt einen Mittelweg zwischen organisch-biologischem und konventionellem Weinbau dar. Dabei wird versucht, ökologische und ökonomisch-toxikologische Maßnahmen möglichst gut aufeinander abzustimmen.

Ca. 200 m weiter steht rechts eine Informationstafel zur **Wetterbeobachtung** auf der Gaisbergscholle. Die Winzer im südlichen Heidelberg haben hier die Möglichkeit, auf genaue Wetterdaten zuzugreifen. Das ist wichtig, um Pflanzenschutzmaßnahmen möglichst gut terminieren zu

den, die sich vor Ort, aber auch anderswo auf der Erde und in kommenden Zeiten nicht negativ auswirkt.

BNE verbindet alle 17 Ziele miteinander, denn ohne Bildung kann keines der 17 Ziele erreicht werden. BNE ist inzwischen die globale Bildungsleitperspektive für alle Altersklassen vom Kindergarten bis zur Erwachsenenbildung. Sie steht seit 2016 an erster Stelle der Bildungspläne aller Schularten in Baden-Württemberg.

Lernprozesse sollen gemäß BNE unter anderem folgende Merkmale aufweisen:

▶ Interdisziplinär Erkenntnisse gewinnen und verknüpfen
▶ Einzelfälle analysieren und globale Zusammenhänge verstehen
▶ Vorausschauend denken und handeln
▶ Wechselbeziehungen zwischen Mensch und Umwelt verstehen
▶ Eigene Leitbilder reflektieren
▶ Weltoffen und neue Perspektiven integrierend Wissen aufbauen
▶ Aktiv an Entscheidungsprozessen partizipieren.

können und die Schadwirkung der Eingriffe auf die Umwelt gering zu halten.

Mit durchschnittlich 1800 h im Jahr liegt die Sonnenscheindauer hier höher als in den meisten anderen Gebieten Deutschlands. Das **Klima** ist mild. Die Jahresdurchschnittstemperatur von 11 °C zählt zu den Spitzenwerten in Deutschland. Der Jahresniederschlag beträgt im Mittel 700 mm und ist damit vergleichsweise gering. Auf dem Königstuhl liegt das Jahresmittel bei 900 mm. Insgesamt ist die Vegetationsperiode an der Gaisbergscholle viele Wochen länger als in den meisten anderen Gebieten Deutschlands.

Der Erlebniswanderweg verläuft noch ca. 300 m auf gleichbleibender Höhe am Hangfuß entlang. Bei einem Abzweig nach links geradeaus gehen, nach weiteren 50 m scharf nach links der Straße bergauf folgen. Ein Stück weiter stehen links am Hang Bäume des Speiapfels, einer in Deutschland seltenen Wildobstart.

Der Weg geht durch einen schattigen **Hohlweg** hangaufwärts (▶ Hohlwege, Seite 22). Sofort sind dort die niedrigere Lufttemperatur und die höhere Luftfeuchtigkeit zu spüren. Es herrscht ein eigenes **Mikroklima**, das eine ganz andere Tier- und Pflanzenwelt aufweist als der warme, trockene Hangfußbereich. Viele Schneckenhäuser deuten darauf hin, dass Schnecken sich in dieser Umgebung wohlfühlen. Nach ca. 200 m Anstieg biegt der innere Rundweg des Erlebniswanderwegs links ab.

Den Weg aber zunächst geradeaus und dann nach rechts weitergehen. Nach ca. 100 m ist auf der linken Seite an der bewachsenen Steilwand an einer Stelle der gelbliche **Löss** freigelegt. Die Luft ist hier heißer und trockener als überall sonst in der Umgebung.

Die hohen Temperaturen und das feine **Lössgestein** (▶ Löss, Seite 142) locken spezielle Tierarten an. Die vielen Löcher in der Steilwand und das dort angebrachte Insektenhotel weisen darauf hin, dass dies z. B. für die Buckel-Seidenbiene und die Frühlings-Pelzbiene, zwei der etwa 600 in Deutschland lebenden Wildbienenarten, ein hervorragender Lebensraum ist. Mit etwas Glück kann in dieser Umgebung auch der bunteste Vogel unserer Gegend beobachtet werden, der wärmeliebende Bienenfresser.

Hier nun kehrtmachen und den Weg zurückgehen, bis dorthin, wo ein Wiesentrampelpfad rechts abzweigt und nach ca. 30 m wieder auf den Erlebniswanderweg bergauf mündet.

Insektenhotel an der Lösswand

Gleich fällt auf, dass sich der Gesteinsuntergrund auf dem geschotterten Weg und abseits verändert hat. Zu Beginn der Wanderung herrschte vorwiegend rötliches Gestein vor, jetzt vorwiegend helles, meist scharfkantiges Gestein. Die rötlichen sind Ablagerungsgesteine des Buntsandsteins (▶ Buntsandstein, Seite 52), die hellen sind marine, im Meer abgelagerte Gesteine des Muschelkalks. Rechts am Wegesrand entlang der Trockenmauer aus Muschelkalksteinen können mit etwas Glück kleine Fossilien wie etwa versteinerte Muschelschalen gefunden werden.

Wenn man auf dem Weg den Blick nach Süden wendet, fällt in der Ferne jenseits der Autobrücke der stillgelegte Muschelkalksteinbruch in Leimen auf, der heute ein gesperrtes Naturschutzgebiet ist.

Viele Jahrzehnte lang wurde **Muschelkalk** kommerziell in großem Maßstab genutzt. Der ehemalige Meeresboden, in dem sich 240 Mio. Jahre alte versteinerte Muscheln finden, wurde abgetragen, gemahlen und zu Zement gebrannt. In der Ebene in Leimen ist das Zementwerk der HeidelbergCement AG zu erkennen, das heute (und voraussichtlich nur noch bis Ende 2022) mit

Trockenmauerbruchstücke aus Muschelkalk

*Muschelkalk-
aufschluss
etwas abseits
des Exkursions-
weges an der
Informations-
tafel 22*

Muschelkalk vom Steinbruch Nußloch über eine Lorenseilbahn versorgt wird. Information zu den Muschelkalk-
Steinbrüchen gibt es auf einer Tafel nach ca. 200 m wei-
terem Anstieg.

Ihr Mobilitätsdienstleister in der Metropolregion Rhein-Neckar.

Mit unseren Bussen und Bahnen erreichen Sie Ihre Ausflugs- und Veranstaltungsorte.

  Weitere Infos gibt's in unseren Social Media Kanälen, auf unserem
Blog, in unserem Podcast und unter www.rnv-online.de.

Nachdem der **Steinbruch** aus ökonomischer Perspektive abgetragen und ausgebeutet war, wurde er an dieser Stelle renaturiert. Durch Auffüllung entstanden neue Flächen, die mit Reben oder Wildhecken bepflanzt wurden. Mit der Zeit nahm die Biodiversität zu. Heute sind hier Vogelarten wie der Neuntöter zu beobachten. Er spießt seine Beutetiere auf Dornen auf.

Zementwerk im Hintergrund

Dem Weg ca. 200 m bis zu einem ebenen Plateau folgen. An der nächsten Abzweigung links halten und bis zu einer Skulptur aus rotem Stahl gehen. Dort belohnt ein wunderbarer Ausblick über die **Rheinebene** bis hinüber zum Pfälzerwald (▶ Oberrheinische Tiefebene, Seite 130).

Der Rückweg zum Ausgangspunkt führt entlang des Weinwanderweges immer bergab durch einen tief eingeschnittenen Lösshohlweg und eine Kleingartenanlage.

Quellen

Eichler, Horst: Heidelberg – Lernlandschaft südliche Gaisbergscholle. 180 S., Verlag Regionalkultur, Ubstadt-Weiher (2017)
Engagement Global/Bundesministerium für wirtschaftliche Zusammenarbeit und Entwicklung (Hrsg.): Orientierungsrahmen für den Lernbereich Globale Entwicklung. 464 S., Cornelsen, Bonn (2016)

11 Emmertsgrund

Oberrheingraben, Dolinen und Baugeschichte des Emmertsgrunds

Dr. Ulrich Moltmann, Diplom-Biologe

▶ Startpunkt der Streckenwanderung ist an der Haltestelle „Emmertsgrund, Augustinum" des rnv-Busses 33.

▶ Weglänge ca. 3 km, Gehzeit ca. 2:00 h mit 100 hm Anstieg und 90 hm Abstieg. Die Tour ist wegen einiger Treppen und des unbefestigten Waldweges nicht für Kinderwagen und Rollstuhl geeignet.

▶ Möglichkeit zur Einkehr besteht im Restaurant „Belvedere" im Augustinum.

Zu Fuß unterwegs

Kurz vor Einfahrt in den Ortsteil Emmertsgrund stehen rechts am Hang die ersten Hochhäuser (Mombertplatz 25). Im Vorbeifahren kann man einen kurzen Blick auf deren Rückseite werfen, wo zwei größere Rohre senkrecht an der Außenfassade angebracht sind. Diese sind Teil der alten Müllsauganlage (dazu später mehr).

Beginnend an der Bushaltestelle „Augustinum" führt die Exkursion bergab gleich rechts in die Jasperstraße hinein und nach ca. 100 m in Richtung des Schildes „Bürgerhaus". Weiter auf dem asphaltierten Wanderweg (Richtung Recyclinghof) laden nach ca. 150 m zwei Bänke dazu ein, die Aussicht zu genießen.

Zu sehen ist die bis zu 40 km breite **Oberrheinische Tiefebene** mit dem Pfälzerwald jenseits und dem Odenwald diesseits als Randgebirge. Sie erstreckt sich als ca. 300 km langes Tiefland zwischen den Städten Basel und Frankfurt. Wegen des meist milden Klimas ist die Ebene geprägt von Wäldern und ertragreichen landwirtschaftlichen Flächen, insbesondere vom Weinbau an den Lösshängen (▶ Löss, Seite 142).

▶ Geologie der Oberrheinischen Tiefebene • Wasserversorgung der Stadtteile Emmertsgrund und Boxberg • Schweinsbrunnen • „Dolinen" • Baugeschichte des Emmertsgrunds • zentrale Müllsauganlage

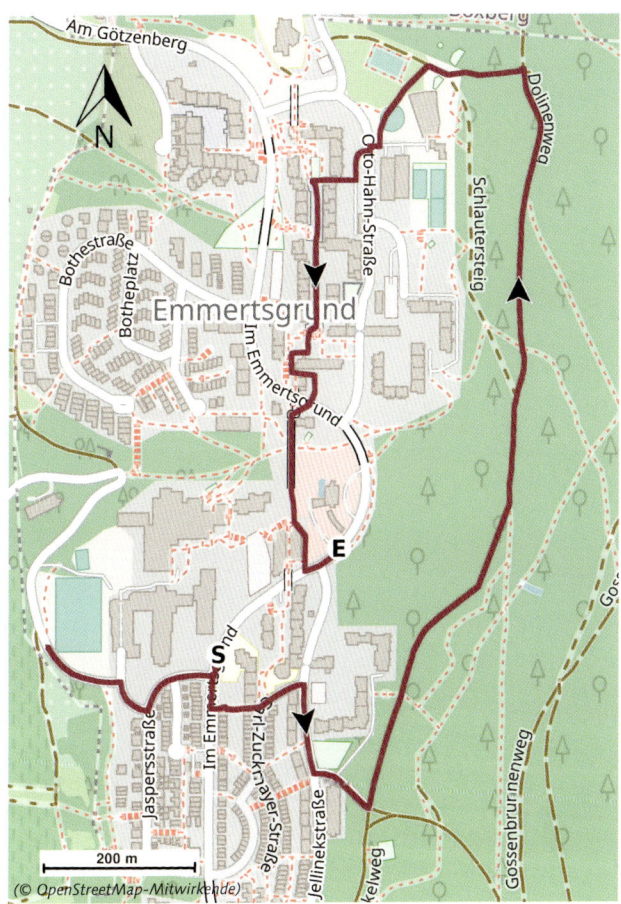

Bei guter Sicht sind Sanddünen (aus der letzten Eiszeit vor 12.000 Jahren) bei Sandhausen und Oftersheim zu erkennen. Im Vordergrund befindet sich ein Werk der HeidelbergCement AG, das Muschelkalk aus einem Steinbruch in Nußloch mit einer 5 km langen Lorenseilbahn herantransportiert und verarbeitet. Dieses Gestein ist durch Meeresablagerungen im Erdzeitalter des Muschelkalk entstanden (vor etwa 240–230 Mio. Jahren).

Hoch durchlässige Sand- und Kieslagen in der Rheinebene mit stauenden Tonschichten dazwischen bauen mehrere mächtige Grundwasserleiter im Untergrund auf.

Dieser sog. **Oberrhein-Aquifer** ist mit einer geschätzten Größe von 45 Milliarden m^3 einer der größten Grundwasserleiter Mitteleuropas.

Hauptsächlich in tieferen Schichten, teilweise aber auch oberflächennah, findet sich **Erdöl**. Seit 1498 sind Vorkommen belegt (Merkwiller-Pechelbronn im Elsass, „Pechbrunnen"). Die kommerzielle Nutzung begann 1735. Von damals stammt auch die Methode, Erdölprodukte in gereinigte Heringstonnen abzufüllen, deren Boden zur Kennzeichnung blau angestrichen wurde. Eine Heringstonne fasste 159 Liter, was bis heute das kommerzielle Standardmaß für ein *„barrel oil"* ist. In Landau/Südpfalz

werden heute noch 50 Tonnen und in Speyer bis zu 500 Tonnen täglich gefördert.

Den Weg zum Recyclinghof jetzt nicht weitergehen, sondern umkehren bis fast ganz zurück zur Bushaltestelle. Dort an der T-Kreuzung der Jasperstraße schräg nach rechts über die Straße beim Schild „Zur Emmertsgrundpassage" die Treppe hinaufsteigen bis zur Carl-Zuckmayer-Straße. Dieser links bis zur Jellinekstraße folgen. An der dortigen T-Kreuzung rechts abbiegen und nach ca. 200 m nach links (Dachsbuckelweg) in den Wald hineingehen bis zum Schild mit dem grünen Rettungspunkt.

Blick über die Oberrheinische Tiefebene

Von dort führt die Exkursion nach links (Norden) an einer Schranke vorbei auf den **Dolinenweg**, auf dem es an einem sonnigen Apriltag besonders schön ist zu wandern, wenn die Buchen gerade ausgetrieben haben. Nach ca. 250 m fällt rechts ein tiefer Krater im Wald auf. Wie könnte der entstanden sein: Bombenkrater, Bergbau-Einsturz (Pinge), Mülldeponie? Oder ist das bereits eine Doline?

▶ Geologie der Oberrheinischen Tiefebene

Der Oberrheingraben stellt eine der größten geologischen Strukturen in Mitteleuropa dar. Odenwald/Schwarzwald und Vogesen/Pfälzerwald waren ursprünglich ein gemeinsames Bergmassiv. Im Eozän vor ca. 50 Mio. Jahren entstand durch das Aufsteigen einer gewaltigen Magmablase aus der Tiefe des Erdmantels ein **Grabenbruch**, der sich von der Nordsee bis in das westliche Mittelmeer erstreckte. Ursache für die Entstehung dieses Grabens waren Zugspannungen in der Erdkruste, die zu einer Dehnung und Ausdünnung des Krustenmaterials führte, bis dieses nachgab und bis zu 4 km tief einsackte (*vorzustellen wie die Bildung eines Risses oben auf einem Rührkuchen im heißen Ofen*).

Im Bereich des Rheingrabens bei Heidelberg haben sich die Gebiete westlich und östlich der Grabenschultern von Pfälzer- bzw. Odenwald um bis zu 2,5 km emporgehoben, erodierten allerdings im Laufe der folgenden Jahrmillionen wieder, wobei der Abtragungsschutt im Graben abgelagert wurde. Die Rheinebene sinkt noch heute jährlich um etwa 0,2 mm ab. So bauen sich im Gestein ständig Spannungen auf, die sich immer wieder in kleineren Erdbeben entladen.

Der Graben füllte sich stetig mit Sand, Kies, Geröll und mit ein bisschen Gold aus den Alpen, aber auch mit Meeresablagerungen, weil seit seiner Entstehung mindestens fünfmal Meerwasser in den Rheingraben eindrang. Am Meeresboden wurden dabei Tone und Mergel abgelagert. Immer wieder trocknete das Meer aus und ließ Kalisalze

Das Gelände vor Ort trägt den Namen **Gaisberg**, weil hier wohl früher die Geißen grasten (weibliche Ziegen), wohingegen sich auf dem Boxberg die Böcke aufgehalten haben sollen. Zu Beginn des Eiszeitalters (vor etwa 2,6 Mio. Jahren) verschwand die Baumvegetation an der Oberfläche und der eigentliche geologische Untergrund, der Buntsandstein, wurde freigelegt. Das in den

zurück. Sedimente, die organisches Material enthielten, gelangten durch die Absenkung in die Tiefe und wurden dort stark erhitzt. Es bildete sich Erdöl und Erdgas, welches wegen seiner geringeren Dichte aufstieg und dort in porösem Gestein gespeichert wurde.

Die Bezeichnung „Rheintal" ist also falsch, weil der Oberrheingraben durch Kräfte aus dem Erdinneren entstand und nicht durch Auswaschung des Rheins.

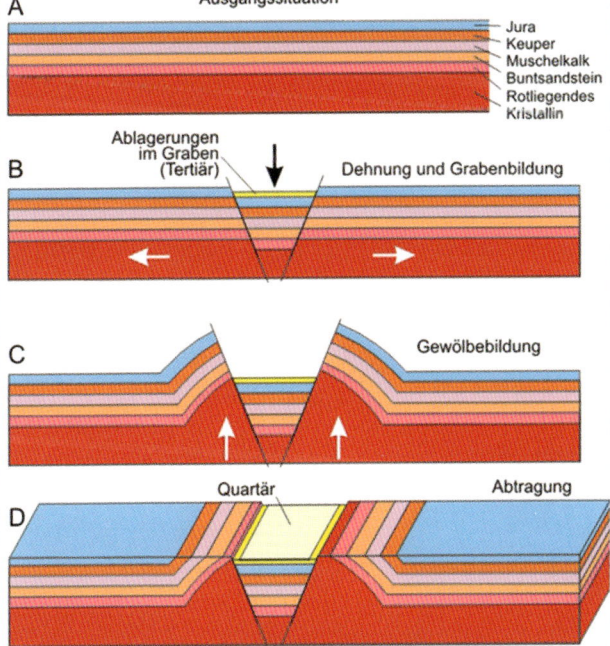

Schema zur Entstehung des Grabenbruchs [Quelle: Christian Röhl]

damals nur kurzen Sommern in Felsspalten eingedrungene Wasser gefror in den strengen Wintern, was durch die Volumenvergrößerung zu Frostsprengungen führte. Außerdem trug aus dem Rheingraben eingewehter Löss in den Eiszeitsommern zu oberflächlich schmierig aufgetauten Böden bei, auf denen die Gesteinsblöcke dann abrutschten (▶ Eiszeiten und Solifluktion, Seite 92). So bildete sich ein stark verlehmter Untergrund aus **Blockschutt** und Löss aus. Größere Sandsteinblöcke findet man entlang des Dolinenweges.

An der nächsten Gabelung des Weges steht rechts oben hinter einem Zaun ein Gebäude, das ein **Wasserreservoir** der Stadtwerke Heidelberg enthält. Der Emmertsgrund wird vom Grundwasserwerk Rauschen (in Wieblingen) und vom Schwetzinger Hardt mit Trinkwasser versorgt, das dem vorhin beschriebenen Aquifer in 30 und 259 Meter Tiefe entnommen und hier hinauf gepumpt wird. Dieser Hochbehälter und ein weiterer am Boxberg fassen jeweils 3.000 m³ und korrespondieren über Rohre miteinander. Das Wasser ist mit 18–21 °dH recht hart. Das ist auch ein Grund dafür, dass sich einige Bewohner des Emmertsgrunds mit Wasser aus dem Schweinsbrunnen versorgen, der dem Dolinenweg folgend bald erreicht ist.

Die Bezeichnung „**Schweinsbrunnen**" deutet auf die mittelalterliche, bis ins 18. Jh. hinein übliche Waldnutzung zur Schweinemast hin. Bucheckern und Eicheln waren damals noch die wichtigste Futterbasis. Am Schweinsbrunnen ist eine sog. **Stauquelle** dadurch entstanden, dass eine wasserführende Schicht im Untergrund durch eine geologisch nicht wasserdurchlässige Scholle blockiert wird und deshalb das Wasser gestaut und zum Austritt am Hang gezwungen wird. Auf die Gaisbergscholle fallen pro Jahr etwa 800 Liter Regen pro Quadratmeter, also 20 % mehr als unten in der Rheinebene.

Das Wasser des Schweinsbrunnens soll sehr weich sein (folglich arm an Kalzium und Magnesium). Die Verweildauer des Regenwassers im Untergrund ist hier sehr kurz und die Versauerung des Bodens durch Stickoxide aus der Luft kann zu erhöhten Konzentrationen von Aluminium führen. Aus diesen Gründen ist am Brunnen ein Schild „*Kein Trinkwasser*" angebracht, was heißt, dass dieses Wasser behördlich nicht auf seine Tauglichkeit als Nahrungsmittel überprüft wird.

Dreht man sich am Schweinsbrunnen um, sieht man in Richtung Westen eine Geopark-Tafel, die beschreibt, was es hier mit dem großen trichterartigen Loch mitten im Wald auf sich hat. Zunächst stand die Vermutung im Raum, dass es sich um eine **Doline** handelt, weil man an dieser Stelle ein Muschelkalkvorkommen im Untergrund vermutete. Geologisch ist eine Doline (von slawisch „*dolina*", Sinkhöhle) eine Senke in Karstgebieten, bestehend vor allem aus Kalkstein, die durch Lösungs- und Auswaschungsprozesse und Kohlensäureverwitterung entstanden ist. Im Wald oberhalb des Emmertsgrunds befinden sich einige solcher dolinenartigen Löcher. Sie sind als Naturdenkmale der Stadt Heidelberg eingetragen.

Schweins-brunnen

Erdfall am Schweinsbrunnen

Erst die bis 1974 durchgeführten Erschließungsarbeiten beim Bau der Emmertsgrund-Siedlung brachten Klarheit. Die Besonderheit ist nämlich, dass sich die Löcher nicht in Kalksteinformationen, sondern im Bereich der aus einem Gemisch von Löss und Buntsandstein bestehenden Hangschutts befinden. Das aus den Hängen austretende Quellwasser und der stetige Grundwasserstrom spülen bis heute das lössartige Feinmaterial aus den stark verlehmten Schuttmassen heraus und erzeugen dabei das seltene Phänomen der Nachsackungsprozesse an der Oberfläche. Diese immer wieder plötzlich nachsackenden Einbruchskrater sind also keine „Dolinen", sondern eingebrochene „**Erdfälle**".

Der Exkursionsweg führt nun bergab (Richtung Westen) aus dem Wald heraus. Nach ca. 100 m geht links ein gepflasterter Pfad ab, der über ein asphaltiertes rundes Basketballfeld in die Otto-Hahn-Straße mündet (Richtung Bürgeramt). Auf der anderen Straßenseite ist ein Parkplatz, von dessen tiefster Stelle rechts eine Treppe zwischen den beiden Hochhäusern 7 und 9 hindurch auf die Emmertsgrundpassage führt. Hier nun links (nach Süden) abbiegen und am Bürgeramt vorbeilaufen, bis links ein paar Bänke zu einer Rast einladen.

1968 war der **Emmertsgrund** noch eine Kleingartenanlage. Dort, wo heute der 18-stöckige „Tech Tower" steht, gab es früher eine Schießanlage der Amerikaner. Wegen der bestehenden Wohnungsnot wurde damals beschlossen, eine Großwohnsiedlung für 12.000 Menschen zu bauen. Das Projekt wurde an die gewerkschaftliche Baugenossenschaft „Neue Heimat" übertragen. Leitbild bei der Planung war das Konzept *„Urbanität durch Dichte"*. Das Ziel bestand darin, Wohnraum für Familien zu schaffen samt allen hierfür nötigen Folgeeinrichtungen (Schule, Hallenbad, Einkaufszentrum) sowie den Auto- und den Fußgängerverkehr voneinander zu trennen.

Die ersten Bauten wurden zwischen 1970 und 1975 von den Architekten Fred Angerer und Alexander von Branca ausgeführt. Mit Beginn der 1980er-Jahre wurde die hochverdichtete Bauweise allerdings nicht weiter verfolgt und stattdessen Ein- und Zweifamilienhäuser errichtet. 1999 gab es im Emmertsgrund 433 Wohngebäude, seitdem wurden keine weiteren Gebäude mehr errichtet. Heute leben in diesem Ortsteil fast 7000 Menschen größtenteils in den Wohnblöcken (70 % Deutsche, 30 % Ausländer inkl. EU. Zahl der Jugendlichen zwischen 6 bis 17 Jahren um mehr als 3 % höher als in Heidelberg insgesamt).

Die Stadtteilkonzeption sah ursprünglich vor, dass im Emmertsgrund keine Müllfahrzeuge benötigt werden sollten (außer für Sperrmüll). Dies erreichte man durch Einwurfschächte in eine **Müllsauganlage**, die in acht Bauabschnitten zwischen 1973 und 1981 gebaut wurde. In den Hochhäusern gab es Einwurfschächte auf jeder Etage und in den Straßen der Reihenhäuser Flacheingabestellen im Freien.

Im Sinne der Abfallvermeidung wurden ab der Mitte der 1980er-Jahre allerdings schon Papier und Altglas getrennt in Sammelstellen entsorgt, die von entsprechenden Fahrzeugen geleert wurden. Infolge der Einführung der

Müllabsaug-rohre

Verpackungsordnung im Jahr 1991 musste auch der „Gelbe Müll" in Säcken konventionell abgeholt werden. Schon in den 1990er-Jahren gab es enorme Probleme mit dem Ansaugdruck der Anlage, da die Müllsaugrohre marode wurden. Durch den engen Querschnitt waren Ausbesserungen sehr teuer. Aufgrund von stark steigenden Sanierungs- und hohen Betriebskosten wurde die Müllsauganlage ab 2000 schrittweise abgeschaltet. Nach Einschätzung der Stadt Heidelberg (2003) wäre ein störungsfreier Weiterbetrieb der Müllsauganlage nur durch eine vollständige Grunderneuerung möglich. Die Kosten hierfür wurden vorsichtig auf etwa 20 Mio. EUR geschätzt, sodass man das Projekt dann lieber aufgab.

Der Exkursionsweg führt weiter nach Süden auf der Emmertsgrundpassage bis zu einer Freifläche, von der aus man links ein großes **Fassadengemälde** sieht, das „*Gesicht eines alten Mannes*", das der Graffiti-Künstler Hendrik Beikirch aus Koblenz im Jahr 2015 gemalt hat. Die Grundierung für die riesige Fläche brachte der Künstler innerhalb von zwei Tagen an der Wand an. Das Bild hat er dann nach einem Smartphonefoto freihändig gemalt.

Am Fuß der Freitreppe führt direkt links um einen Kirschlorbeerstrauch herum eine Metalltür in den doppelstöckigen **Tiefgaragentunnel**, der sich 300 m in Nord-Süd-Richtung erstreckt. Angesichts der schwierigen Untergrundverhältnisse (Sediment aus Hangschutt und Lössablagerungen) kann dieses „schwimmende Fundament" als bautechnische Meisterleistung angesehen werden.

Aus der Garage nach Süden hinaus verläuft der Exkursionsweg über die Im Emmertsgrund-Straße hinweg

rechts an der Sparkasse vorbei wieder auf die Emmerts-grundpassage. Nach ca. 200 m wird die Einkaufspassage erreicht, an der man nicht mehr die Brücke überquert, sondern nach links zur Haltestelle „Forum" an der Im Emmertsgrund-Straße geht, von der aus der rnv-Bus 33 in Richtung Heidelberg fährt.

Eingang zur Tiefgarage (rechts unten im Schatten)

Quellen

Datenblatt Emmertsgrund 2019, Stadt Heidelberg, Amt für Stadtentwicklung und Statistik http://ww2.heidelberg.de/datenatlas/Datenblatt_Emmertsgrund.pdf

Eichler, Horst: Heidelberg – Lernlandschaft südliche Gaisberg-scholle. 180 S., Verlag Regionalkultur, Ubstadt-Weiher (2017)

Erdölgewinnung in Speyer: https://www.erdoel-in-speyer.de/index.php

Röhr, Christian, Diplom-Geologe, Friedberg: Der Oberrhein-graben. http://www.oberrheingraben.de/index.htm

Trinkwasser in Heidelberg, Stadtwerke Heidelberg: https://www.swhd.de/wasser

Haarlass

Die Neuenheimer Schweiz

Dr. Xenia Baumeister, Literaturwissenschaftlerin

▶ Startpunkt des Rundweges ist am Gedenkstein Russenstein, etwa 100 m westlich der Haltestelle „Haarlass" (rnv-Buslinie 34 und 37) in der Nähe der Straßenabzweigung Haarlassweg/In der Neckarhelle.

▶ Weglänge ca. 4,5 km, Gehzeit ca. 3:00 h mit 217 hm An- und Abstieg. Die Exkursion verläuft zum Teil auf schmalen, felsigen Pfaden und ist nicht für Kinderwagen und Rollstuhl geeignet. Bei Regenwetter, Nebel, Schnee- oder Eisglätte besteht Absturzgefahr.

Zu Fuß unterwegs

Unmittelbar am Fuß der Böschung liegt der **Russenstein**, ein Gedenkstein für einen russischen Kutscher, der hier im Jahr 1815 im Dienste eines Bruders des russischen Zaren im Neckar ertrank.

Richtet man den Blick auf den Hang oberhalb der Ziegelhäuser Landstraße, sieht man dort mächtige **Granitfelsen** herausragen, die gleich zu Beginn der Exkursion ankündigen, dass man es mit einem geologisch besonders interessanten Gebiet zu tun hat. Der Granit als Grundgebirge wird hier sichtbar (▶ Granit, Seite 79). Der Buntsandstein tritt erst ab einer Höhe von ca. 200 m auf, also oberhalb des Exkursionsweges.

Den Haarlassweg bergauf gehen bis zu einem Lössaufschluss, einer markanten Lösswand, die als **Geotop des Jahres 2011** vom Geo-Naturpark Bergstraße-Odenwald ausgezeichnet wurde.

Russenstein • imposante Granitfelsen • Geotop des Jahres 2011 • ▶ Löss • Guckkastenwege • Aussicht auf Stift Neuburg und ins Neckartal • Wilckensfels • auf steilen, teils felsigen Pfaden durch alpines Gelände • Naturschutzgebiet Russenstein

Der **Löss** wurde hier 1824 von dem Geologen und Mineralogen Prof. Karl Caesar von Leonhard erstmals wissenschaftlich beschrieben und in die geologische Fachliteratur eingeführt. Der Ort

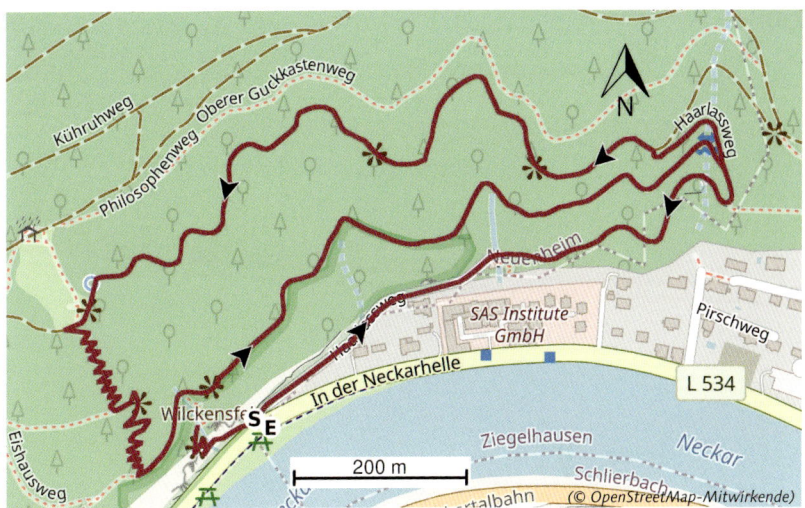

ist als Typuslokalität weltbekannt. Belegstücke gelangen von hier in Institutssammlungen in aller Welt.

Weiter geht es in weiten Bögen den Weg hinauf, bis in einer scharfen Linkskurve nach rechts ein kleiner Fußweg zum Stift Neuburg abzweigt. Diesem ein paar Meter folgen, bis links am Weg ein schön gestalteter Stein aus Buntsandstein mit der Aufschrift „Stift Neuburg" und einem Abtsstab sichtbar wird. Dieser Stein zeigt an, dass hier das Gebiet der Abtei Neuburg beginnt. Die Exkursion folgt jedoch diesem Weg nicht weiter, sondern wendet sich zurück zum Haarlassweg, an dessen rechter

Wurzel im Granit

Seite sogleich **eindrucksvolle Granitfelsen** sichtbar sind, in die sich von oben ein Ahorn mit seinen Wurzeln festgekrallt hat.

Dem Weg weiter bergauf folgen, bis er sich in der zweiten Kurve gabelt. Links geht der Mittlere **Guckkastenweg** ab, der sich mit schönen Aus-

▶ Löss　　　　　*(Verena Dunckelmann)*

*Geotop-
Lössaufschluss*

Löss ist ein gelblich bis ockerfarbenes Lockergestein. Während der letzten Eiszeit, dem Pleistozän (vor etwa 2,6 Mio. bis 10.000 Jahren), wurde aus den vegetationsarmen Schotterflächen des Oberrheintales feines Gesteinsmaterial ausgeblasen und u. a. an den östlich gelegenen Hangflächen und Talflanken des Odenwaldes abgelagert. Der Name leitet sich vom alemannischen *„lösch"* für lose, locker ab. Löss wird wegen des Transportes durch den Wind als „äolisches" Sediment bezeichnet. Die feinen Partikel sind vorwiegend eckig. Dies begünstigt eine hohe Standfestigkeit des Sediments und die Bildung von Lösswänden und Hohlwegen. Der Löss besteht vorwiegend aus Quarz (60–80 %), Kalk (10–30 %) sowie Feldspat und Glimmer. Die Durchschnittsgröße der Körner schwankt zwischen 0,002 und 0,063 mm und wird als Schluff bezeichnet. Häufig wird Kalk aus den oberen Lössschichten durch Regenwasser gelöst und in tieferen Bereichen wieder als bizarre Knollen, sog. Lösskindel, ausgefällt. Löss ist wegen seiner hohen Porosität und seines Kalkgehaltes Ausgangsmaterial für fruchtbare Böden und bedeckt ca. 10 % der Festlandflächen der Erde.

Lösswände sind besondere Biotope, die hochspezialisierten Arten wie z. B. Wildbienen, anderen Insekten und Vögeln einen Lebensraum bieten. Deshalb sind sie durchsetzt mit vielen kleinen Löchern, die von Insekten bewohnt werden.

blicken am Hang entlang schlängelt. Zwischen den run-
den Granitfelsen zeigt sich eine abwechslungsreiche Vegetation. Zahlreiche Waldkiefern, verkrüppelte Traubeneichen, einige Stechpalmen und der Besenginster säumen
den Weg. Immer wieder durchqueren den Weg kleine
Bäche. Nach ca. 500 m steht auf der rechten Seite der
Küblerwiesenbrunnen unterhalb der Küblerwiese, einer
schönen **Waldwiese** mit Streuobstbäumen und im Frühsommer mit Beständen der Herbstzeitlosen. Ein kleiner
Pfad führt rechts hinauf zu Aussichtsbänken, wo sich mit
Blick auf das Kloster **Stift Neuburg** und ins romantische
Neckartal gut rasten lässt. Auf diesem Bergrücken stand
in früherer Zeit ein **Guckkasten**. Das war ein hölzer-
ner Aussichtsturm auf hohen Pfählen, der während des
30-jährigen Krieges errichtet wurde. Von hier aus bot sich
ein weiter Blick ins Neckartal, sodass Wachposten auf die
Annäherung von Feinden achten konnten. Die Einnahme
der Stadt Heidelberg durch Generalleutnant Tilly konnte
aber 1621/1622 dadurch nicht verhindert werden.

Granitfelsen im
NSG Russen-
stein

Nach Rast und Stärkung geht der Weg über die Wiese wieder bergab auf den Mittleren Guckkastenweg. Dort nach rechts gehen und nach wenigen Metern den Weg nach links verlassen. Durch eine Mountainbike-Sperre geht es bergab auf einem schmalen Zickzackweg ins Tal. An den ehemals zackigen Kurven sind an vielen Stellen noch die Überreste von Bänken zu erkennen. Sowohl Sandsteinblöcke als auch historische Grenzsteine mit noch sichtbaren Befestigungsklammern für Sitzbänke wurden verwendet. Auf den Grenzsteinen ist WH eingraviert, was bedeutet, dass hier Besitztümer des Waisenhauses Handschuhsheim waren (▶ Grenzsteine, Seite 94).

Nach mehreren Kurven mündet von rechts ein kleiner Pfad, der aber unbeachtet bleibt. Links ist nun ein kleiner ebener Platz erkennbar, wo sich früher das „Storchennest" befand. Es war eine Art Laube aus Metall mit Sitzbank und einem Eternit-Dach, die einen Blick auf das Stift Neuburg bot. Leider wurde sie in den 1980er-Jahren abgerissen; die schöne Aussicht ist inzwischen zugewachsen. Daran vorbei führt der Weg mit einer

Unterer Guckkastenweg

scharfen Rechtskurve weiter bergab, bis ein Weg von rechts kommt und der Untere Guckkastenweg erreicht ist.

Von dort aus geht es links in östlicher Richtung. An einer sehr feuchten Stelle ist ein Weg weiter abwärts erkennbar, aber schwer zu gehen. Deshalb führt die Exkursion weiter am Hang entlang. Nach der nächsten Kurve ist mitten auf dem Weg eine Eisenstange erkennbar, die bis in die 1970er-Jahre zur Befestigung einer kleinen eisernen Aussichtskanzel auf dem Felsvorsprung rechts am Weg diente. Links schräg gegenüber auf dem großen Felsen ist etwa auf Augenhöhe das Wort „**Wilckensfels**" eingemeißelt. Dr. Karl Wilckens war von 1885–1913 Heidelberger Oberbürgermeister. Mit der Beschriftung des Felsens wurde er 1895 für seine großen Verdienste um die Stadt geehrt.

Nun beginnt der Teil der Wanderung, der den Namen „**Neuenheimer Schweiz**" rechtfertigt, denn jetzt wird es nahezu alpin. Es geht vorbei an schroffen, hohen Felsformationen auf der Bergseite. Auf der Talseite befindet sich ein steiler, zuweilen fast senkrechter Abhang. Hier heißt es: Vorsicht, Absturzgefahr! Gleich zu Beginn stehen hangabwärts einige **Elsbeeren**, eine wärmeliebende, aber selten gewordene kleine heimische Baumart. Sie gehört zu den Rosengewächsen und ist erkennbar an den länglichen ahornähnlichen Blättern. Der schmale Pfad schlängelt sich in leichtem Auf und Ab und mit schönen Ausblicken am felsigen Hang entlang. Immer wieder fallen steil den Hang hinablaufende deutliche Rinnen auf, über die der Weg hinwegführt. Sie wurden einst zum Abtransport von Holz und Steinen aus dem ehemaligen Steinbruch genutzt, bevor diese unten auf Fuhrwerke oder Schiffe verladen werden konnten. Auffällig sind die vielen schön abgerundeten Granitblöcke, mit denen der ganze Hang übersät ist. Ihre Form erinnert zuweilen an Wollsäcke, die mit einer Schnur umwickelt sind. Die sog. **Wollsackverwitterung**, die den Zerfall eines Gesteins über Hunderttausende von Jahren in wollsackartige, schwach abgerundete Blöcke beschreibt, führt zu dieser Gestalt und ist charakteristisch für Granit.

Schließlich mündet der Untere Guckkastenweg nach einer erneuten Mountainbike-Sperre wieder in den Haarlassweg. Es geht nun zum Ausgangspunkt zurück. Wegen der schönen Aussicht auf das alpine Gelände lohnt es sich, den steilen Hang ein kurzes Stück hinauf zu gehen. Bei den Auffangzäunen führt ein kleiner Pfad durch die Granitfelsen bergauf. Weiter oben wird der Weg enger und feuchter und endet schließlich unterhalb des Unteren Guckkastenweges. Das **Naturschutzgebiet Russenstein** (▶ Landschafts- und Naturschutz, Seite 167) wurde 1956 ausgewiesen und umfasst 3,5 Hektar. Der Untergrund des südexponierten Felshangs besteht aus Granit und untergliedert sich in trockene Abschnitte, einzelne Felsgruppen und feuchte Rinnen. An den steilen Hängen kommen auf dem flachgründigen Verwitterungsboden wärmeliebende Vegetationsformen und Pflanzenarten

Naturschutzgebiet Russenstein

vor. Auf den Granitfelsen gibt es viele seltene Moose, auf den Felsköpfen mit mehr Bodenmaterial der wärmeliebende Salbei-Gamander und verschiedene Gräser wie das Ruchgras. Im Frühsommer riecht es deshalb hier manchmal intensiv nach Waldmeister. Dann bedecken auch der rötliche kleine einjährige Sauerampfer und das weiße Taubenkopf-Leimkraut die Flächen zwischen den Felsen, immer wieder unterbrochen durch die gelben Farbtupfer der Ginsterbüsche.

Aussicht ins Neckartal

Quellen

Amt für Umweltschutz, Gewerbeaufsicht und Energie, Flyer: Rund um das NSG Russenstein

Eichler, Horst: Der Kraichgauer Löß – Bodenerosion als Ressourcenproblem einer alten Kulturlandschaft. Heimatverein Kraichgau e. V., Eppingen 2003 (Sonderveröffentlichung, Nr. 30)

Seeling, Jens: Heidelberg – Wanderungen durch die Erdgeschichte. Jens Seeling Verlag, Frankfurt/M. (2005)

Ziegelhausen

Das Mausbachtal, eine vielseitige Natur- und Kulturlandschaft

Tobias Städtler, M.A. Archäologe

▶ Startpunkt der Streckenwanderung ist am „Freizeitzentrum am Köpfel" in Ziegelhausen, Endhaltestelle der rnv-Buslinie 33.

▶ Weglänge ca. 4,4 km, Gehzeit ca. 2:30 h mit 112 hm Anstieg und 221 hm Abstieg. Die Exkursion führt streckenweise über schmale und steile Pfade und ist deswegen nicht geeignet für Kinderwagen und Rollstuhl. Zum Hineinleuchten in das Bergwerk wird eine Taschenlampe empfohlen und eventuell ein Fernglas für Fernsicht und Details.

▶ Möglichkeit zur Einkehr besteht im Gasthof „Zum Klostergarten" am Stift Neuburg. Besuch der Stiftsbrauerei mit Bierverkostung.

▶ Endpunkt der Exkursion ist die Haltestelle „Stift Neuburg" der rnv-Busse 34 und 37 am Neckar.

Zu Fuß unterwegs

Gleich bei der Bushaltestelle am Hang des **Köpfels** befindet sich ein Aussichtspunkt. Hier lässt sich ein herrlicher Blick auf die Stadt Heidelberg und weit über den Oberrheingraben (▶ Oberrheinische Tiefebene, Seite 130) genießen, bei klarer Sicht bis zum 40 km entfernten Pfälzerwald.

Vom Aussichtspunkt aus führt der geteerte Weg nach links aufwärts. Er verläuft hinter dem Zaun der Liegewiese des Hallenbades entlang. Bei der nächsten Kurve liegen einige Findlinge von ockerfarbenem Eisenkiesel am Wegrand. Dabei handelt es sich ursprünglich um Dolomit,

Aussichtspunkt am Köpfel •
Eisenkiesel • Mausbachquelle •
Mausbach • Mausbachwiese •
Mausbachstollen • Manganabbau •
Brunnenstube von Stift Neuburg •
Granitgrus und Wollsackverwitterung •
historische Grenzsteine • Wingertsberg

der im Zechstein-Meer (vor ca. 250 Mio. Jahren) entstanden ist. Er bildet eine bis zu 5 m mächtige Schicht zwischen dem Granit und dem Buntsandstein. In dieses Gestein ist stellenweise Kieselsäure (Siliziumdioxid, Quarz)

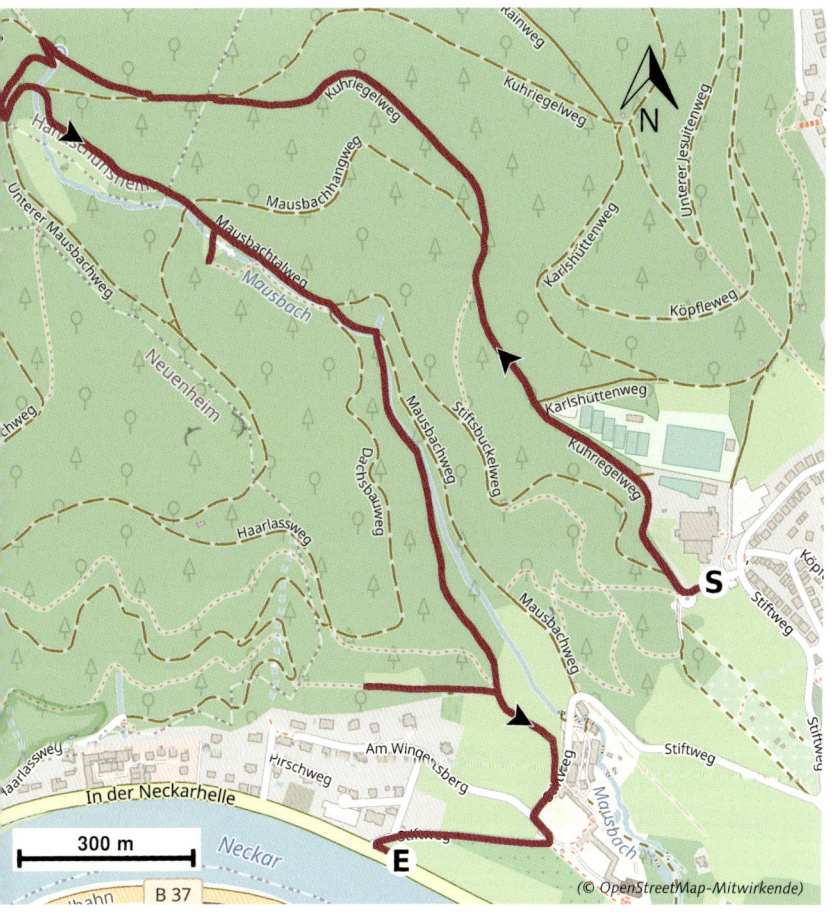

(© OpenStreetMap-Mitwirkende)

eingedrungen und erstarrt. Dies verleiht ihm eine große Härte und Widerstandsfähigkeit. Die Farbe ist auf eingedrungenes Eisenoxid zurückzuführen.

Der Weg führt weiter aufwärts, am Parkplatz des Tennisclubs vorbei etwa 550 m dem Wanderzeichen Z4 folgend. Wo der Weg fast eben wird und der Wald sich linkerhand lichtet, fällt links eine Unregelmäßigkeit im Gelände auf, eine steil begrenzte Aufschüttung mit einer großen ebenen Oberfläche. Es handelt sich dabei um die ehemalige Bauschuttdeponie der Gemeinde Ziegelhausen, die in den 1970er-Jahren stillgelegt und überdeckt wurde.

Die Mausbach-wiese mit bach-begleitender Vegetation

Kurz nach dieser Stelle zweigt der Exkursionsweg nach rechts aufwärts ab und folgt bis zur Mausbachquelle 900 m weit der weißen Markierung Z5. Bei der Einmündung eines Weges von rechts geht es ein kurzes Stück abwärts, an der nächsten Kreuzung wieder aufwärts, dem Wegweiserstein Richtung „Holdermannseiche" folgend.

Ca. 170 m nach der Kreuzung präsentiert sich die **Mausbachquelle** als Gebäude aus Buntsandstein, hinter dem sich die Quellfassung und die Brunnenstube verbergen. Die in den Stein gemeißelte Schrift verrät außer dem Namen, dass die Mausbachquelle 1932 erbaut wurde und wie viele Quellen im Heidelberger Wald der städtischen Wasserversorgung diente (▶ Quellen und Wasserversorgung, Seite 31). Der Mausbach rauscht von hier den Berg hinunter.

Wenige Schritte nach der Quelle führt die Exkursionsroute einen schmalen Pfad links bergab und erreicht nach 200 m einen breiten Weg. Dort liegt linkerhand der **Mausbachbrunnen** mit einer aus Sandstein gehauenen Eule und der Jahreszahl 1934. Nun dem breiten Weg ein kurzes Stück aufwärts folgen. Nach ca. 80 m beginnt rechts ein abwärts führender Fußweg. Der Pfad führt an der Mausbachwiese entlang. Unebenheiten auf dem Fußweg erfordern eine erhöhte Aufmerksamkeit.

Die **Mausbachwiese** wird erstmals 1535 in schriftlichen Quellen erwähnt. Damals hieß sie Schafwiese und war über lange Zeit Standort der Schäferei des Klosters Neuburg. Darauf standen damals ein Schäferhaus mit Garten und eine Kapelle. Die Schafwolle wurde in der klostereigenen Walkmühle verarbeitet, der heutigen Stiftsmühle. Noch bis in die 1930er-Jahre wurde die Wiese als Weide für Kühe und Schafe und zur Heugewinnung genutzt. Durch Staunässe im unteren Bereich der Wiese siedelte sich eine artenreiche Moorvegetation mit seltenen Pflanzen wie Sonnentau, Sumpfveilchen, Königsfarn und Torfmoosen an. Dies führte dazu, dass die Wiese seit 1936 als Naturdenkmal unter Schutz steht. Die untere Hälfte der damals noch 4 ha großen Wiese wurde seit 1932 mit Fichten aufgeforstet. Dadurch und durch unsachgemäße Pflege sind die meisten Sumpfpflanzen verschwunden. Unter den Fichten wachsen noch Restbestände von Torfmoos und Sumpf-Baldrian. Eine Besonderheit ist der seltene Straußenfarn, der von oben her am Bach entlang wächst.

*Straußenfarn
am Mausbach*

Auf Teilen der Wiese hat sich eine besondere und seltene Pflanzengesellschaft angesiedelt: eine magere und saure Ausprägung der **Glatthaferwiese**. Typische Pflanzen auf ihren trockenen und nährstoffarmen Bereichen sind Weiches Honiggras, Dreizahn, Pillen-Segge, Schwarze Flockenblume, Gras-Sternmiere und Echter Ehrenpreis. Wo es feuchter ist, wachsen Sumpf-Kratzdistel, Sumpf-Hornklee, Gelbweiderich und Geflügeltes Johanniskraut. Diese empfindliche Vegetation sollte nicht gestört werden!

Die **Mausbach** – im Odenwald sind alle Bäche weiblichen Geschlechts – ist ein typischer Bergbach im Buntsandstein mit klarem, kaltem, nährstoffarmem und saurem Wasser. Wie Flohkrebse, Eintags- und Köcherfliegen-

larven, Strudelwürmer und Flussnapfschnecken anzeigen, ist die Gewässergüte hervorragend. Feuersalamander und Bergmolche finden hier geeignete Laichgewässer.

Mundloch des Mausbach-bergwerks

Als frühester Name des Bachs ist aus dem Jahre 1476 „*Mulspach*" (d. h. Mühlbach) überliefert. Der Name nimmt Bezug auf die an der Mündung gelegene Stifts-mühle des Klosters. Bereits ab 1534 ist ein zweiter Name, „*Meysenbach*", manchmal „*Meüspach*" (1607) überliefert. Dies entspricht dem regional gebräuchlichen Plural für Maus = Mais.

An der nächsten Kreuzung folgt die Exkursion ca. 60 m dem abwärts führenden breiten Weg, bis nach rechts ein etwas unscheinbarer Fußweg abzweigt und zum Maus-bachbergwerk führt. Man steht hier auf der Abraumhalde eines Bergwerks. Nach ca. 55 m sieht man rechts das aus Buntsandstein gemauerte Mundloch des **Mausbach-stollens** mit der Aufschrift „*Glück Auf*" und dem Berg-werkzeichen Schlägel und Eisen. Hier wurde 1893–1896 und 1918–1919 Manganerz abgebaut und in den Stahl-werken Röchling in Völklingen im Saarland verarbeitet. Mangan wird bei der Herstellung von Stahl verwendet, um dessen Härte und weitere Eigenschaften zu verbessern. Im Zeitalter des Perm (vor ca. 260 Mio. Jahren) lagerte sich im flachen Zechstein-Meer Dolomit (Kalzium-Magnesiumkarbonat) ab. Darüber sowie in durch Verwitterung aus dem Dolomit ausgewaschenen Taschen hat sich Tonstein abgelagert. In Verbindung mit dem Tonstein hat sich Manganmulm angereichert, ein schwarzes Mangandioxid. Das Erzlager erreicht Mächtigkeiten von bis zu einem Meter. Der Förderstollen ist 460 m lang, von denen nur die ersten 40 m ausgemauert sind, und verläuft durch Hangschutt und danach durch anstehenden Granit. Darüber liegt der Abbaustollen mit dem Erz. Nach der ersten Stilllegung 1896 war das Bergwerk erneut verpachtet, um darin Granitgrus zu gewinnen und Champignons zu züchten.

Zurück auf dem breiten Hauptweg geht es hangabwärts. Unterhalb der nächsten Kreuzung wird in der Wegebiegung links ein eingezäuntes Gelände sichtbar, an dessen oberer Seite ein im Sommer fast zugewachsener gemauerter Eingang in den Hang zu sehen ist. Dies ist die **Brunnenstube von Stift Neuburg**, die seit Jahrhunderten das Kloster mit Wasser versorgt. 1535 erscheint die *„Brunn stub"* zum ersten Mal in der schriftlichen Überlieferung. Die Jesuiten erneuerten 1725 die Brunnenstube sowie die Wasserleitung, die heute noch in Gebrauch ist. In der modernen Mauer ist die Türfassung der Jesuiten aus hellem Sandstein erhalten. Wer ein Fernglas dabei hat, kann die Inschrift auf dem Türsturz lesen: *„17 IHS 25"* mit einem Kreuz über dem H des Jesus-Monogramms, das gleichzeitig das Zeichen der Jesuiten war. Das Wasser aus dem Mausbachtal wurde in jüngerer Zeit im Stift Neuburg zur Forellenzucht und zum Bierbrauen benutzt.

Kurz danach führt ein schmaler Fußweg über den Bach und auf dessen rechter Seite entlang. Weiter unten besteht die Oberfläche des Pfades stellenweise aus **Granitgrus**, dem Verwitterungsprodukt des Granits. Gut sind hier die einzelnen Kristalle zu sehen, in die der Granit zerfallen ist. Granitgrus ist ein für die Befestigung von

Granitfelsen im Mausbachtal

Fußwegen sehr gut geeignetes Material, das durch die kantigen Kristalle griffig und rutschfest ist und das Wasser gut versickern lässt.

Am Weg entlang markieren **Grenzsteine** von etwa 1814 die alte Grenze zwischen dem Besitz des Klosters Neuburg im Osten und der Gemeinde Ziegelhausen im Westen. Die Klosterseite ist mit einem locker geschwungenen S markiert, die Ziegelhäuser Seite mit dem Wappen Ziegel und Haus, auf manchen Steinen eingerahmt von den Buchstaben Z und H. Die Steine sind fortlaufend nummeriert (▶ Grenzsteine, Seite 94).

Der Fußweg führt durch ein attraktives Ensemble aus teils recht großen Granitfelsen (▶ Granit, Seite 79). Diese sind Produkte der sog. **Wollsackverwitterung**. Durch das Zusammenwirken von physikalischen und chemischen Prozessen entstehen dabei kantengerundete Gesteinsblöcke, die wie Kissen oder eben Wollsäcke aussehen. Deutlich sind die regional typischen Einsprenglinge von großen Kristallen aus Kalifeldspat im Granit zu erkennen. Wer entdeckt die Inschrift auf einem der gro-

*Die Trocken-
mauer am
Wingertsberg
mit Treppen-
aufgang*

ßen Felsen oberhalb des Weges? Sie lautet: „*Stift Neuburg*" mit einem N mit Abtsstab dazwischen, dem Zeichen des Klosters.

Der Fußweg endet an einem breiten Weg. Die Exkursion verläuft auf dem ebenen Weg nach rechts bis zu einer Wiese, auf der eine lange Trockenmauer zu sehen ist.
Diese Trockenmauer ist eine von mehreren Mauern der
ehemaligen Weinbergterrassen des Klosters Stift Neuburg. Unterhalb und oberhalb sind einige weitere Terrassen und Mauern erhalten. Der Flurname **Wingertsberg**
weist heute noch darauf hin. Den ältesten Nachweis der
Weinberge gibt eine Schriftquelle von 1535. 1993 wurde
die Trockenmauer mit der ihr vorgelagerten Fläche zum
Naturdenkmal erklärt. Sie bietet wärmeliebenden Insekten, Reptilien und weiteren Tieren einen Lebensraum
und ist von kulturhistorischer Bedeutung.

Den ebenen Weg wieder zurück, geht es dann nach
rechts auf kurzem Weg zum Stift Neuburg und anschließend die Fahrstraße, den Stiftweg, ca. 450 m hinunter zur
Haltestelle der Linien 34 und 37 am Neckar.

Quellen

Becksmann: Verkarsteter Zechsteindolomit unter der Ziegelhäuser Neckarbrücke und die Ziegelhäuser Störungszone, in:
   Jahreshefte des Geologischen Landesamts Baden-Württemberg 3, S. 123–137 (1958)

Bosslet, Norbert OSB: Stift Neuburg und die Jesuiten, in: Wort
   in die Zeit Nr. 134, S. 3–28, herausgegeben von der Abtei
   Neuburg, Verlag und Ort o. A. (1989)

Brandis, Dirk, Henner, Hollert und Volker Storch (Hrsg.): Arten-
   vielfalt in Heidelberg, S. 353–356, 2. bearb. u. erw. Auflage,
   Selbstverlag Zoologisches Institut der Universität Heidelberg,
   Heidelberg (2005)

Christ, Karl: Das Steuerwesen von Kurpfalz im Mittelalter, in
   Neues Archiv für die Geschichte der Stadt Heidelberg und
   der rheinischen Pfalz 3, S. 200–269 (1896)

Hoppe, Reinhard: Die Flurnamen von Ziegelhausen, Oberrheinische Flurnamen, Band 3 Heft 6, Carl Winter, Heidelberg (1956)

Hoppe, Reinhard: 750 Jahre Ziegelhausen, 1220–1970, Heidelberger Verlagsanstalt und Druckerei, Heidelberg (1970)

Lehn, Erich J.: Unser Mausbachtal – das Bergwerk, o. J., Stadtteilverein Ziegelhausen: http://www.stadtteilverein.de/Mausbach-
   tal_Bergwerk_Lehn.htm

Riecke, Jörg, Schmidt, Herbert und Richter, Gerd: Südhessi-
   sches Flurnamenbuch, Hessische Historische Kommission,
   Darmstadt 2002. Online: https://www.lagis-hessen.de/de/
   subjects/index/sn/shfb

Seebach, Max: Über das Manganbergwerk im Mausbachtal bei
   Heidelberg, ein Beitrag zur Kenntnis des Oberrotliegenden
   in der Umgebung Heidelbergs, in: Berichte des Oberrheinischen geologischen Vereins, S. 112–115, 42. Versammlung,
   Stuttgart (1909)

Sillib, Rudolf: Stift Neuburg bei Heidelberg, Seine Geschichte
   und Urkunden, in: Neues Archiv für die Geschichte der Stadt
   Heidelberg und der rheinischen Pfalz 5, (1903), S. 167–246,
   6, (1904), S. 1–64 und 7, (1905), S. 205f

Stadt Heidelberg, Amt für Umweltschutz, Gewerbeaufsicht und
   Energie, Informationstafel zur Mausbachwiese; Informationen online abrufbar bei Wanderwalter: Stadt Heidelberg, Die
   Mausbachwiese, 2011: http://karte.wanderwalter.de/oden-
   wald/317556_Mausbachwiese.html

Stadt Heidelberg, Verordnung der Stadt Heidelberg als untere
   Naturschutzbehörde über das flächenhafte Naturdenkmal „Trockenmauer am Wingertsberg", vom 9. Dezember 1993 (pub-
   liziert im Heidelberger Stadtblatt vom 16. Dezember 1993)

Ziegelhausen

Meutersloch und Siebenränglesweg

Marion Huthmann, Diplom-Biologin

▶ Startpunkt des Rundweges ist am S-Bahnhof Schlierbach/Ziegelhausen, zu erreichen mit der S-Bahn (S1, S2, S5, S51) oder den rnv-Buslinien 33, 35 und 36.

▶ Weglänge ca. 5,7 km, Gehzeit ca. 2:30 h mit jeweils 148 hm An- und Abstieg. Zu Beginn steiler Anstieg, nicht geeignet für Kinderwagen und Rollstuhl.

▶ Möglichkeit zur Einkehr besteht in der „Pizzeria Capri" in der Ortsmitte von Ziegelhausen.

▶ Wäscherinnen-Zimmer: Öffnungszeiten des Verkehrsvereins Ziegelhausen e. V. beachten.

Zu Fuß unterwegs

Vom S-Bahnhof Schlierbach/Ziegelhausen startet die Wanderung mit dem Überqueren der Ziegelhäuser Brücke. Die 1903 erbaute Brücke zwischen Ziegelhausen und Schlierbach wurde 1945 von den deutschen Truppen gesprengt und erst 1953 wieder neu aufgebaut. Genau zwischen den Brückenpfeilern liegt eine geologische Verwerfungszone. Unterschiedliche Gesteine erforderten stärkere Befestigungen durch tiefe Stahlbetonplatten auf der Ziegelhäuser Seite.

Nach der Brücke führt der Weg nach links in Richtung Dorfmitte. Nach 100 m liegt auf der rechten Seite die ehemalige katholische Kirche. Die Schönauer Straße geht sofort hinter der Kirche steil bergauf. Ungefähr auf Höhe der letzten Häuser biegt die Exkursion links in den Waldgrenzweg ein. Diesen weiter hoch gehen bis zum **Kolpingsbänkle**. Von hier

**Naturdenkmal Meutersloch •
Speismauerhütte mit Ausblick •
Siebenränglesweg • ehemaliger
Buntsandsteinbruch •
Dorfgeschichte von Ziegelhausen**

(© OpenStreetMap-Mitwirkende)

oben (248 m) belohnt ein schöner Ausblick auf Schlierbach die Mühen des Aufstiegs. Nun auf dem breiteren Waldweg rechts am Hang entlang leicht bergab nach Osten gehen. Bald werden große **Buntsandsteinfelsen** auf der linken Seite sichtbar, die zum Felsenklettern freigegeben sind. Direkt gegenüber führt ein kleiner Trampel-

Stillgelegter Steinbruch

Höhlendecke des Meuterslochs

pfad steil bergab zum Naturdenkmal Meutersloch.

Das **Meutersloch** ist eine natürliche Höhle, die am Übergang zweier Buntsandsteinschichten entstanden ist. Sie wurde 1936 als Naturdenkmal ausgewiesen, ist ca. 10 m tief, 4 m breit und 1,5 m hoch. An der Höhlendecke befinden sich auffällige Netzleisten. Als sich vor ca. 250 Mio. Jahren hier Schichten des Buntsandsteins ablagerten, herrschte trocken-heißes Klima. Es kam zu Trockenrissen in der einstigen Tümpel- und Seenlandschaft. Später wurde Sand durch Flüsse herantransportiert, der die Risse füllte. So entstand eine mächtige Sanddecke, die sich zu Sandstein verfestigte. Der darunterliegende Schlamm des Seebodens wurde zu Tonstein, der leichter verwitterte, während die Ausfüllungen der Trockenrisse als erhabene Netzleisten zurückblieben. Meuter ist ein noch heute vorhandener Familienname in Ziegelhausen. Einer Legende nach soll ein Steinhauer mit diesem Namen hier Zuflucht gesucht haben.

Zurück auf dem Hauptwanderweg geht es nun weiter bergab bis zu der nächsten Abzweigung, dort scharf nach rechts abbiegen. Dieser kleine Abstecher führt nach ca. 50 m zur **Speismauerhütte** mit einer lohnenswerten Aussicht in das Neckartal bis Neckargemünd. Die Speismauer wurde 1857 zur Sicherung der Schönauer Straße gebaut und – im Gegensatz zu den damals üblichen Trockenmauern – mit Speis (Mörtel) verfugt.

Jetzt umkehren und bis zur Haarnadelkurve der Fahrstraße zurückgehen. Der Straße dann bergab durch die scharfe Rechtskurve folgen und in den ersten kleinen Pfad rechts abbiegen. Dies ist der **Siebenränglesweg**, der um den Berg herum in vielen Windungen durch einen ehemaligen Steinbruch führt. Von oben lohnt noch ein Blick auf den Ausgang des **Bärenbachtals** und die dort befindlichen Häuser. An der Mündung des Baches wurde 1775 eine

Speismauer

Mühle errichtet, 1888 wurde daraus die Gelatinefabrik Stoess. Der alte Schornstein ist ein Relikt aus dieser Zeit.

Nun geht es in mehreren Kurven durch den **ehemaligen Steinbruch** nach unten. An einer Stelle befindet sich ein sehr schöner Aufschluss des Pseudomorphosensandsteins (▶ Buntsandstein, Seite 52). Die Buntsandsteinbrüche rund um Ziegelhausen waren im 18. Jh. eine

Ehemaliger Steinbruch am Siebenränglesweg

wichtige Einnahmequelle für die Bevölkerung. Die Werkstücke wurden im Steinbruch bearbeitet und per Schiff abtransportiert. Das Mauerwerk des Bassins im Apollotempel im Schwetzinger Schlosspark stammt aus diesen Ziegelhäuser Steinbrüchen.

Auf der Landstraße angekommen nach rechts am Fahrbahnrand entlang Richtung Ortsmitte Ziegelhausen gehen. Bevor der Weg über die Brücke zurück zum S-Bahnhof Schlierbach führt, lohnt ein kleiner Spaziergang durch **Ziegelhausen**. Der Ortsname leitet sich ab vom sog. *„Ziegelhus"*, das bereits 1220 im Lorscher Codex urkundlich erwähnt wurde. Schönauer Mönche hatten ein Ziegelwerk am Fuß des Hahnberges errichtet in der Gegend um die ehemalige katholische Kirche. Der dort vorkommende Ton war schon Grund für eine frühgeschichtliche Besiedlung und später für eine kleine römische Ansiedlung. Abseits des Ortskerns entstand an der Mündung des Mausbachs im 11. Jh. eine Burg, auf deren Grundmauern später das Kloster Stift Neuburg errichtet wurde.

Auf dem Weg Richtung Ortsmitte fällt eine Hinweistafel über der Toreinfahrt am Haus Kleingemünder Straße 41 auf. Der Komponist **Johannes Brahms** verbrachte den Sommer 1875 in Ziegelhausen, einige seiner Werke entstanden hier, z. B. mehrere Duette für Sopran und Alt sowie das Lied „Abendregen". Etwas vertieft liegt im Vorgarten eine Brunnenstube, die den Oberen Dorfbrunnen speist. Der steht einige Meter weiter vor der ehemaligen katholischen Kirche von 1737, die heute nicht mehr genutzt wird. Von dieser Stelle aus sieht man Richtung Neckar auch die ehemalige evangelische Kirche von 1733, in der sich nun die Textilsammlung Max Berk des Kurpfälzischen Museums befindet.

Nach einem kurzen Gang durch die Fußgängerzone vorbei am unteren Dorfbrunnen geht es zum Friedrich-Ebert-Platz. Das Gebäude, in dem sich heute der Verkehrsverein Ziegelhausen e. V. und das **Wäscherinnen-Zimmer** befinden, war im 18. Jh. eine Mühle im Steinbachtal. Dort werden viele interessante Geräte

Wäscherinnen-zimmer und Skulptur einer Wäscherin

ausgestellt, die zu der Zeit genutzt wurden, als das Wäschewaschen in Ziegelhausen eine der Haupteinnahmequellen war. Viele Heidelberger und Mannheimer ließen bis in die 1930er Jahre ihre Wäsche von den Ziegelhäuser Waschfrauen abholen und reinigen. Vor dem Gebäude sind ein Trog und ein Mühlstein ausgestellt, beides die letzten Fundstücke aus den Ziegelhäuser Steinbrüchen. Der Weg geht nun den **Lein-pfad** am Neckar entlang zurück zum S-Bahn-hof Schlierbach/Ziegelhausen.

Quellen

Hoppe, Reinhard: Die Flurnamen von Ziegelhausen, 84 S., Universitätsverlag Carl Winter, Heidelberg (1956)

Hoppe, Reinhard: 750 Jahre Ziegelhausen, 223 S., Heidelberger Verlagsanstalt und Druckerei GmbH, Heidelberg (1970)

Koenemann, Friedrich-Franz: Wanderungen durch Heidelberger Wälder, 133 S., Universitätsverlag C. Winter – Heidelberger Verlagsanstalt, Heidelberg (1990)

Mertens, Melanie (Hrsg.), Denkmaltopographie Bundesrepublik Deutschland, Kulturdenkmale in Baden Württemberg, Stadtkreis Heidelberg, Teilband 2, S. 630–633, Jan Thorbecke Verlag, Ostfildern (2013)

Schweizer, Volker et al.: Sammlung Geologischer Führer, 203 S., Verlag Gebrüder Borntraeger, Berlin (1982)

Ziegelhausen
Peterstal, das Kleinod im oberen Steinbachtal

Amelie Blomberg, Umwelt- und Naturpädagogin

▶ Startpunkt der Streckenwanderung ist an der Bushaltestelle „Peterstaler Straße" in Ziegelhausen-Peterstal, zu erreichen mit der rnv-Linie 34 und 37.

▶ Weglänge ca. 5,8 km, Gehzeit ca. 3 h mit 238 hm Anstieg und 144 hm Abstieg auf geschotterten Forstwegen und asphaltierten Straßen. Nicht geeignet für Kinderwagen und Rollstuhl.

▶ Möglichkeit zur Einkehr besteht am Ende der Wanderung im Restaurant „Zum Waldhorn" in Peterstal.

▶ Endpunkt der Exkursion ist die Haltestelle „Löwen" der rnv-Busse 34 und 37 an der Wilhelmsfelder Straße.

Zu Fuß unterwegs

Talabwärts führt der Weg von der Haltestelle „Peterstaler Straße" zu einer beeindruckenden Felswand. Dieser sog. Rhyolith zeugt von Vulkantätigkeit am Ende des Erdaltertums im Perm vor rund 290 Mio. Jahren. (▶ Quarzporphyr, Seite 24) Es wurde eine sehr zähe und quarzreiche Lava zutage gefördert. Die Geopark-Tafel „**Der Vulkan im Steinbachtal**" informiert vor Ort über diese Phase der Erdgeschichte.

Nur wenige Meter weiter unten verläuft die ehemalige Grenze zwischen Ziegelhausen und dem heutigen Ortsteil Peterstal. Wo heute eine Tierarztpraxis ist, stand bis 1874 die Wirtschaft „Zur Grenze". An der Außenfassade des Hauses ist der Schriftzug des ehemaligen Lokals noch gut zu erkennen.

Nach ca. 30 m biegt der Kreuzgrundweg nach rechts ab. An dieser Stelle auf dem Gelände der ehemaligen Zimmerei Maisch befand sich von 1399–1432 ein **Pott-**

Vulkan im Steinbachtal • Landschafts-schutzgebiet Kreuzgrund • Glas-hütte • Steinbrüche im Kreuzgrund • Wäscherinnengewerbe in Peterstal • ▶ Landschafts- und Naturschutz

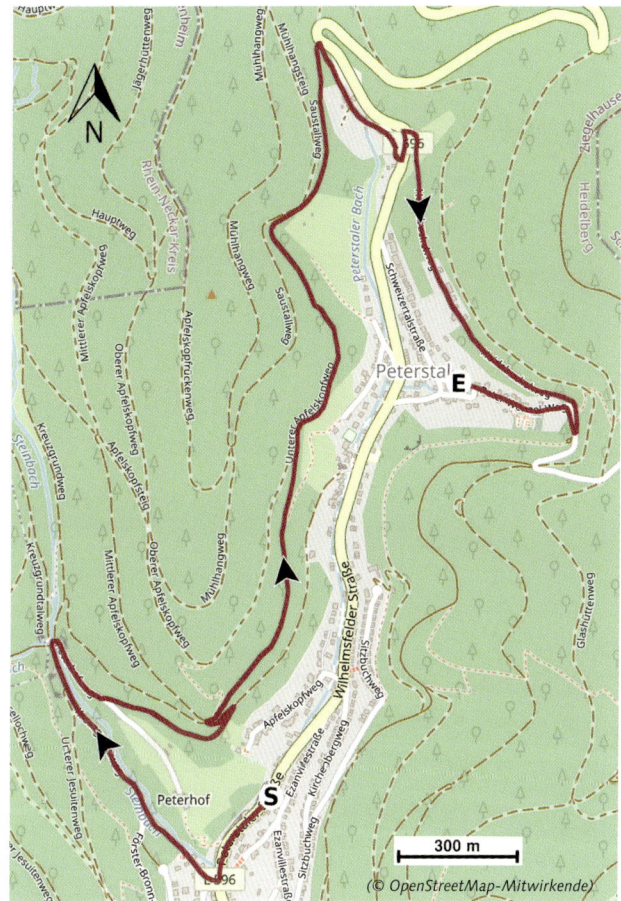

(© OpenStreetMap-Mitwirkende)

ascheschmelzofen. Dort wurde Holz zu Asche verbrannt und durch Auslaugen und Eindampfen Pottasche zur Glasherstellung gewonnen. Unter Kurfürst Karl I. Ludwig errichtete der holländische Holzhändler Heinrich van der Wahl 1679 hier eine **Glashütte**. Eine Steintafel an dem Gebäude erinnert an die „Alte Glashütte". Um diese Tafel zu sehen, ein Stück die Straße weiter nach unten laufen, dann hängt sie rechts oben an der Hauswand.

Nun wieder zurück und links dem Kreuzgrundweg folgend führt die Straße ins **Landschaftsschutzgebiet Kreuzgrund**. Parallel dazu fließt der Steinbach, der im

Rhyolith-aufschluss an der Peterstaler Straße

oberen Kreuzgrund entspringt. Im Hochsommer herrschen hier angenehme Temperaturen und zur Wanderzeit der Amphibien im Frühjahr kreuzen Feuersalamander, Kröten, Frösche und Molche den Weg.

Vorbei am Förster-Bronn-Weg geht die Exkursion zu den **Steinbrüchen im Kreuzgrund**. Auf Höhe des Vereinsheims beginnt die Halde und zieht sich auf der linken Seite weiter bis zu einer kleinen Brücke über den Steinbach. Hier wurde bis 1930 Schotter abgebaut. Auch bei diesen Felswänden handelt es sich um das Vulkangestein Rhyolith. Im Gegensatz zum Aufschluss an der Peterstaler

Landschafts- und Naturschutz

Landschaftsschutzgebiete (LSG) sind nach dem Bundesnaturschutzgesetz besondere Naturareale, die ökologisch und kulturell geschützt werden sollen. Wesentliche Merkmale sind Erhaltung, Entwicklung und/oder Wiederherstellung bestimmter Naturgüter sowie die Bewahrung der Vielfalt, Eigenart oder der kulturhistorischen Bedeutung. Außerdem soll auch die besondere Bedeutung für Erholung gesichert werden. LSG sind gegenüber Naturschutzgebieten großflächiger angeordnet und beinhalten weniger Einschränkungen in der Nutzung oder Zugänglichkeit. Jedoch sind Handlungen, die den Gesamtcharakter des Gebietes verändern, verboten (betrifft insbesondere die Bebauung).

Naturschutzgebiete (NSG) sind rechtsverbindlich festgesetzte Gebiete, in denen ein besonderer Schutz von Natur und Landschaft in ihrer Ganzheit oder in einzelnen Teilen erforderlich ist (§ 23 Bundesnaturschutzgesetz). Wesentliche Merkmale von NSG sind die Erhaltung, Entwicklung oder Wiederherstellung von Biotopen oder Lebensgemeinschaften bestimmter wild lebender Tiere und Pflanzenarten. Zudem untermauern wissenschaftliche, naturhistorische oder landeskundliche Gründe den Schutzstatus. Außerdem sollen NSG die Einmaligkeit, Seltenheit und herausragende Schönheit von Natur und Landschaft schützen. Neben Nationalparken stellen sie bedeutsame Flächen zur Erhaltung der Biodiversität in Deutschland dar und können der Allgemeinheit zugänglich gemacht werden, soweit es der vorgesehene Schutzzweck des Gebietes zulässt. Jegliches Verhalten, das zu Beschädigungen, Veränderungen oder nachhaltigen Störungen führt, ist verboten. NSG werden durch Schilder in Dreiecksform (Spitze zeigt nach unten) gekennzeichnet. Je nach Bundesland variieren die in der Mitte des Dreiecks abgebildeten Symbole. In Baden-Württemberg ist ein Seeadler auf den NSG-Schildern abgebildet.

Feuer-salamander

Steinbach im Kreuzgrund

Straße ist aber keine säulige, sondern eine horizontale Struktur des Gesteins zu erkennen.

An der Weggabelung rechts der Markierung Z3 Richtung Wilhelmsfeld folgen und an der nächsten Abzweigung links halten. Ein Grenzstein (▶ Grenzsteine, Seite 94) steht nach ca. 150 m oberhalb des Weges. Auf der vorderen Seite sind die Kurpfälzer Raute und die Jahreszahl 1790 eingemeißelt. Das ist das Jahr, in dem die Waldgebiete neu aufgeteilt wurden. Nach weiteren 300 m bietet sich bei der Sitzbank eine Rastmöglichkeit mit Blick auf den gegenüberliegenden Kirchberg. Anschließend macht der Weg eine scharfe Linkskurve und führt bergauf zur nächsten Wegkreuzung. Hier biegt der Z3-Weg nach rechts ab und verläuft durch den Wald auf dem Unteren Apfel-

Grenzstein am Apfelkopf

kopfweg leicht ansteigend nach **Peterstal**. Unterwegs wird der Blick auf Peterstal und die kleine Kirche immer wieder durch Lichtungen im Wald eröffnet.

Felswand im Kreuzgrund

Nach ca. 1,5 km ist der höchste Punkt der Wanderung erreicht. Eine Sitzbank lädt zum Verweilen ein. Hier lässt sich die Aussicht auf Peterstal bei schönem Wetter besonders gut genießen. In diesem abgelegenen waldreichen Gebiet errichtete der aus Isenburg stammende Glasmacher Johann Peter Wenzel 1710 eine weitere Glashütte. Die ersten Bewohner waren Glasmacher, Glasschmelzer, Holzhauer, Holzhacker, Holzdörrer, Feuerschürer, Aschenbrenner, Pottaschensieder, ein Maurer, ein Lumpensammler und ein Fuhrmann.

Peterstal wurde 1803 als eigenständige Gemeinde anerkannt. Anfang des 19. Jh. entwickelte sich das **Wäschereigewerbe** in Ziegelhausen und Peterstal. Das kalkfreie Quellwasser, die Wiesen des Steinbachtals, auf denen die Wäsche gebleicht wurde, und die staubfreie Luft boten optimale Voraussetzungen für eine besondere Reinheit der Wäsche. Bis zum Zweiten Weltkrieg waren fast ein

Blick auf Peterstal

Viertel der Einwohner in kleinen Wäschereien erwerbs-tätig und Ziegelhausen mit Peterstal als „**Waschereidorf**" weit bekannt.

Nach der Rast geht es auf dem Z3 markierten Saustall-weg weiter bergab. Nach etwa 300 m führt der Weg aus dem Wald hinaus zu einem Buswendeplatz. Der Z3 biegt rechts ab auf einen Pfad, der in das Wohngebiet im Quel-lenweg geht. Die Wiesen hier wie auch weitere in Peters-tal und Ziegelhausen werden von ganz besonderen Land-schaftspflegern beweidet: Die **Hochlandrinder** der Neu-neralm aus Heidelberg-Schlierbach bewahren die Wiesen und das Tal vor der Verbuschung.

Der Quellenweg führt zur Wilhelmsfelder Straße. Hier überquert der Z3 die Straße, geht einige Meter nach oben und rechts in den Heidebuckelweg. Bei guter Sicht ist von hier aus der Heidelberger Königstuhl zu sehen. Am Waldrand entlang führt der Weg nach etwa 900 m zu einem Wasserbehälter, wo sich der Weg gabelt. An die-sem Punkt verlässt die Wanderstrecke den Z3 und zweigt nach rechts ab in den Peter-Wenzel-Weg. Steil abfallend verläuft der Weg vorbei am Peterstaler Friedhof. Hier ließ Johann Peter Wenzel 1737 die kleine **Peterskapelle** errichten. So erhielt die damalige Glashütte den Namen Peterstal. Wenzel und seine Frau wurden in dieser Barockkapelle beigesetzt. 1900 wurde das baufällig gewordene Gebäude abgerissen. Die heutige Friedhofskapelle entstand 1953. Die erhaltenen Grabplatten von Wenzel und dessen Frau befinden sich links und rechts der Eingangstür zur Leichenhalle. Ebenfalls erhalten ist der Schlussstein der Peterskapelle. Dieser ist über der Seitentür der Friedhofskapelle eingemauert. Auf dem halbkreisförmigen Stein ist das Baujahr 1737 eingemeißelt, die Initialen des Stifters J. P. W., ein Römerkelchglas als Wappen sowie die Initialen des Steinmetzes G. H. H.

Weiter geht es die Straße geradeaus hinab zum Endpunkt der Wanderung. Nach etwa 250 m befindet sich auf der rechten Seite das Lokal „Zum Waldhorn".

Quellen

Bundesamt für Naturschutz (BfN): Landschaftsschutzgebiete. https://www.bfn.de/themen/gebietsschutz-grossschutzgebiete/landschaftsschutzgebiete.html

Gesetz über Naturschutz und Landschaftsschutzpflege (Bundesnaturschutzgesetz – BNatSchG) § 26 Landschaftsschutzgebiete (2009) https://www.gesetze-im-internet.de/bnatschg_2009/__26.html

Hoppe, Reinhard: Die Flurnamen von Ziegelhausen. Carl Winter Universitätsverlag, Heidelberg (1956)

Hoppe, Reinhard: 750 Jahre Ziegelhausen. Heidelberger Verlagsanstalt, Heidelberg (1970)

Kleemann, Luise: Die Waschereidörfer Ziegelhausen und Petersthal. Dissertation, Philosophische Fakultät der Ruprecht-Karls-Universität zu Heidelberg. Buchdruckerei Karl Rössler, Heidelberg (1905)

Seeling, Jens: Heidelberg. Geologische Wanderungen. S. 140–142, Jens Seeling Verlag, Frankfurt (2007)

Stadtteilverein Ziegelhausen und Peterstal e. V. (Hrsg): 800 Jahre Ziegelhausen. „Geschdan un hoid" in alten und neuen Bildern. Ziegelhausen und Peterstal (2020)

Verordnung des Regierungspräsidiums Karlsruhe – Höhere Naturschutzbehörde – über das Landschaftsschutzgebiet „Bergstraße-Mitte" (1973)

Weiterführende Literatur

Bast, Eva-Maria und Thissen, Heike: Heidelberger Geheimnisse: Spannendes aus der kleinen Metropole, 192 S., Bast Medien GmbH, Überlingen (2018)

Eichler, Horst: Heidelberg – Lernlandschaft südliche Gaisbergscholle. 180 S., Verlag Regionalkultur, Ubstadt-Weiher (2017)

Eichler, Horst: Heidelberger Erdgeschichte – Geologische Umgebungskarte mit Erläuterungen. Geo-Naturpark Bergstraße-Odenwald (2016)

Geyer, Otto und Gwinner, Manfred: Geologie von Baden-Württemberg. 5. Neuauflage hrsg. v. Matthias Geyer, Edgar Nitsch u. Theo Simon. 482 S., Schweitzbart'sche Verlagsbuchhandlung, Stuttgart (2011)

Heidelbergs Vulkane, Wüsten, Erdbeben. Eine Wanderung durch Millionen Jahre Erdgeschichte, Geo-Naturpark Bergstraße-Odenwald (2016)

Hoppe, Reinhard, 750 Jahre Ziegelhausen, 1220–1970, Heidelberger Verlagsanstalt und Druckerei, Heidelberg (1970)

Hupke, Klaus-Dieter: Naturschutz: Eine kritische Einführung. 341 S., Verlag Springer Spektrum, Berlin; Heidelberg (2020)

Klumb, Gerd: Mühlsteinhauer-Kunst vergangener Jahrhunderte – Kulturdenkmale im Heidelberger Stadtwald 2004, 155 S., Heidelberg Eigenverlag, Heidelberg (2004)

Koenemann, Friedrich-Franz: Wanderungen durch Heidelberger Wälder, 133 S., Universitätsverlag C. Winter – Heidelberger Verlagsanstalt, Heidelberg (1990)

Lichtenberger, Marco: Saurier aus dem Odenwald, 136 S., Seeling Verlag, Frankfurt (2007)

Mertens, Melanie (Hrsg.): Denkmaltopographie Bundesrepublik Deutschland. Kulturdenkmale in Baden-Württemberg, Bd. II.5.1 u. 5.2, Stadtkreis Heidelberg, Jan Thorbecke Verlag, Ostfildern (2013)

Rüger, Ludwig: Geologischer Führer durch Heidelbergs Umgebung. 351 S., Carl Winters Universitätsbuchhandlung, Heidelberg (1928)

Rund um das Naturschutzgebiet Russenstein, Stadt Heidelberg, Amt für Umweltschutz, Gewerbeaufsicht und Energie

Seeling, Jens: Heidelberg – Wanderungen durch die Erdgeschichte. 160 S., JSV Jens Seeling Verlag, Frankfurt am Main (2005)

Sinn, Peter: Zur Landschaft und Geschichte von Heidelberg-Handschuhsheim. 164 S., Verlag Regionalkultur, Ubstadt-Weiher (2012)

Schmitt, Roland (Hrsg.) : Stumme Zeitzeugen, die dennoch erzählen, Eschringer Hefte, 108 S., Verlag Faber, Mandelbachtal (1997)

Weber, Jutta und Bühn, Susanne: Zwischen Granit und Sandstein. Eine Reise in die Erdgeschichte der Geopark-Region. Laurissa-Verlag, Lorsch (2009)

Zienert, Adolf: Geographische Einführung für Heidelberg und Umgebung. Mit Exkursions-Vorschlägen. 112 S,. Carl Winter Universitätsverlag, Heidelberg (1981)

Nachweis der Bildrechte

Impressum

Titel: Heidelberger Exkursionen
Untertitel: Naturkundliche, kulturhistorische und geologische
             Sehenswürdigkeiten rund um Heidelberg

Herausgeber: Verena Dunckelmann, Marion Huthmann,
                Ulrich Moltmann

Layout / Satz: Andrea Sitzler, vr

Für den Inhalt von Links auf Webseiten Dritter übernehmen die Herausgeber keine Haftung, da sie sich diese nicht zu eigen machen, sondern lediglich auf deren Stand zur Zeitpunkt der Veröffentlichung dieses Buches verweisen.

Alle Angaben zu Öffnungszeiten, Gehzeiten, Entfernungen, Steigungen und Gefällen u. a. ohne Gewähr

ISBN 978-3-95505-304-8

Bibliografische Information der Deutschen Bibliothek:
Die Deutsche Bibliothek verzeichnet diese Publikation in der Deutschen Nationalbibliografie; detaillierte Daten sind im Internet über http://dnb.de abrufbar.

Diese Publikation ist entsprechend den Frankfurter Forderungen auf alterungsbeständigem und säurefreiem Papier (TCF nach ISO 9706) gedruckt.

verlag regionalkultur

Ubstadt-Weiher · Heidelberg · Speyer · Stuttgart · Basel

Verlag Regionalkultur GmbH & Co. KG
Bahnhofstraße 2 · D-76698 Ubstadt-Weiher
Tel +49 7251 36703-0 · Fax +49 7251 36703-29
E-Mail kontakt@verlag-regionalkultur.de
www.verlag-regionalkultur.de